Steffi Henig
Psychologische Managementtrainerin
Entspannungstrainerin
Klangenergie-Therapeutin
St.-Benedikt-Str. 14
97072 Würzburg
Tel.0176-51669993 - steffi.henig@imail.de
www.finde-dein-gleichgewicht.de

Werner Berger
Angelika Rinner

BestCaller
Handbuch für professionelles Telefonieren

Werner Berger
Angelika Rinner

BestCaller

Handbuch für professionelles Telefonieren

orell füssli Verlag AG

Cartoons: Tanja Chimes, Köln
Grafiken: Jürg Bächtold, Zumikon
Umschlaggestaltung: Helene Sperandio, Zürich
Druck: fgb • freiburger graphische betriebe, Freiburg

ISBN 978-3-280-05300-3

————

Bibliografische Information der Deutschen Bibliothek:
Die Deutsche Bibliothek verzeichnet diese Publikation in der Deutschen Nationalbibliografie; detaillierte bibliografische Daten sind im Internet abrufbar über http://dnb.d-nb.de

Vorwort

Das Telefon nimmt in der heutigen Wirtschaft einen bedeutenden Platz ein. Es bietet die Möglichkeit, in kurzer Zeit viele Kundenkontakte wahrzunehmen. Es ist wirtschaftlicher als ein Kundenbesuch durch den Aussendienst – und dabei viel persönlicher und schneller als die schriftliche Kommunikation mit dem Kunden.

Dies sind die Hauptgründe dafür, dass die Zahl der CallCenter in den letzten Jahren stark zugenommen hat. Und die Tendenz ist weiter steigend. Doch auch ausserhalb des CallCenters wird das Telefon immer intensiver und professioneller genutzt: angefangen mit der Telefonzentrale, welche die Visitenkarte des Unternehmens ist, bis hin zu Innendienstabteilungen, die den Kunden mit Rat und Tat zur Seite stehen.

Telefonieren macht Spass und kann für den Kunden zu einem Erlebnis werden. Voraussetzung ist, dass der Mitarbeitende am Telefon die Regeln des kundenorientierten Telefonierens beherrscht und sie mit einer freundlichen, sympathischen Stimme umsetzt. Ein CallCenter- oder Innendienstmitarbeiter kann beim Kunden viel bewegen: Er kann Lösungen für ihn finden, ihn für eine Bestellung gewinnen, seine Zufriedenheit und damit die Kundentreue erhöhen, wichtige Informationen in Erfahrung bringen, und vieles mehr.

Wie erreichen wir nun in einem Unternehmen, dass die Mitarbeitenden am Telefon die richtigen Fragen stellen, kompetent und freudig Auskunft geben, Einwände gekonnt behandeln, CrossSelling betreiben, mit Reklamationen souverän umgehen und in herausfordernden Situationen gelassen bleiben?

Da gibt es nur eins: üben, üben, üben! Denn nur Übung macht den Meister.

Der BestCaller schafft die Grundlage dafür. Darin erfahren Menschen, die professionell telefonieren wollen, alles, was sie für ihre Arbeit brauchen. Praxisnah, mit vielen Beispielen und Übungen, ist es das ideale Handbuch, um im Selbststudium oder im Team die hohe Schule des überzeugenden Telefonierens zu erlernen.

Um dann wirklich selbst zu einem BestCaller zu werden, ist regelmässiges Training unabdingbar, im Team, einzeln oder in kleinen Gruppen. Das beste Training besteht darin, die wichtigen Techniken in Gesprächssimulationen immer und immer wieder umzusetzen. Das gibt die Sicherheit, nachher am Telefon mit dem Kunden zu bestehen.

Auch für mich als Vorgesetzte ist der BestCaller ein wichtiges Werk. Ich bin meinen Mitarbeiterinnen und Mitarbeitern Vorbild. Lebe ich ihnen vor, was von ihnen erwartet wird, steigert dies die Freude an der Arbeit, den Mut beim Trainieren und die berufliche Professionalität.

In diesem Sinne viel Vergnügen beim Lesen von BestCaller, beim Simulieren von Telefonaten und bei vielen spannenden, professionellen und umsatzfördernden Gesprächen mit Ihren Kunden!

Marianne Schumacher, CallCenter-Leiterin, Howeg transGourmet Schweiz AG

Dank

Der BestCaller liegt nun als vollständig überarbeitetes Werk vor. Er ergänzt unsere Reihe BestLeader – Das Führungshandbuch und BestSeller – das Verkaufshandbuch. Der Titel sowie einige Herzstücke der ersten Auflage, wie der Werner Berger Telefontrichter als Struktur für ein zielführendes Gespräch am Telefon, sind geblieben. Der Inhalt macht den «BestCaller» jedoch zu einem ganz neuen Buch. Warum? War die frühere Fassung nicht gut genug? Der alte BestCaller, der in drei Sprachen grossen Anklang am Markt fand, war auf die Bedürfnisse seiner Entstehungszeit ausgerichtet. In den letzten fünf Jahren haben sich die Anforderungen an Mitarbeitende am Telefon stark geändert. Sei es im CallCenter oder in anderen Bereichen der Wirtschaft und Verwaltung: Es wird heute in einer bedeutend höheren Liga gespielt.

Der neue BestCaller ist ein Handbuch für alle, die häufig telefonieren und Lust haben, am Telefon eine hervorragende Leistung zu erbringen.

Das Buch in der Form, die hier vorliegt, haben wir Partnern, Kunden und Freunden aus unterschiedlichsten Branchen zu verdanken.

Es sind dies: Corina Zingg, Guido Schindler, Stephan Egloff, Marianne Schumacher, Jacky Haudenschild, Reto Breitenmoser, René Wegmüller, Oliver Berger, Manuel Sennhauser, Silvia Berger, Sylvia Coray, Peter Affentranger, Catia Busetti, Markus Fanchini, Carmine Bencivenga, Josefin Burri, Jlkay Duran, Ruth Bachmann, Martin Frankiny, Thomas Schaub, Sandro Gerlach, Miriam Rostam, Urs Stamm.

Allen gemeinsam ist: Sie setzen das Telefon täglich, ja stündlich gewinnbringend ein. Sie standen uns mit Ideen vor dem Schreiben und während des Schreibens und mit konstruktiv-kritischen Hinweisen als Testleser zur Seite. Ihnen gebührt unser grosser Dank.

Herzlichen Dank für eure Unterstützung!
Werner Berger & Angelika Rinner

Inhaltsverzeichnis

Die Darsteller in diesem Buch

Kevin

Jung, dynamisch und voller Pläne für die Zukunft. Seinen neuen Job im CallCenter sieht er als spannende Herausforderung. Er liebt Autos und ist ein begeisterter Snowboarder.

Jenny

Attraktiv, spontan, lässt sich nicht so schnell aus dem Gleichgewicht bringen. Sie weiss, was sie will, und liebt als Ausgleich zum Job mountainbiken und Salsa tanzen. Sie hilft Kevin mit ihrer Erfahrung während der Einarbeitungsphase im neuen Job.

Angi

Sie ist Psychologin und die «gute Stimme» im Hintergrund. Sie erklärt psychologische Zusammenhänge auf leicht verständliche Art und Weise. Sie kommt überall dort zu Wort, wo neben dem «Wie geht es?» das «Warum geht es so?» wissenswert ist. Ihre Texte sind grau hinterlegt.

Die Geschichte von Kevin und Jenny

… oder was in einem CallCenter so läuft

Für Kevin kommt gerade alles zusammen. Sein geliebter Golf GTI muss schon wieder in die Werkstatt, dabei liegt die Rechnung der letzten Reparatur noch auf dem Tisch. Und jetzt noch das: Seine Freundin Nadja hat ihm den Laufpass gegeben. Nach fünf Jahren! Wegen eines anderen!

Sein Bürojob gefällt Kevin schon seit einer Weile nicht mehr. Er

fühlt sich zu wenig gefordert. Der tägliche Trott ist immer der gleiche. Um eine ruhige Kugel zu schieben, bin ich noch zu jung, denkt er sich. Es ist ganz offensichtlich Zeit für einen klaren Schnitt. Jetzt muss ich etwas ändern, sagt er sich.

Ich schaue gleich mal im Internet. Was ist im Moment am wichtigsten? Ein Ersatz für mein altes Auto, ein Ersatz für Nadja oder ein neuer Job? Von meinem geliebten Golf trenne ich mich nicht so ohne Weiteres. Und das mit der neuen Freundin wird wahr-

scheinlich nicht so einfach. Dafür kenne ich mich selbst und meine Ansprüche ja gut genug. Also, das Wichtigste ist ein neuer Job. Das wird mich auf andere Gedanken bringen. Der Rest wird sich dann schon ergeben.

Also, was geben die Job-Suchmaschinen her?

Da wird ein Filmvorführer im Kino gesucht. Das wär' doch was für mich als Film-Freak! Und das würde meinen Geldbeutel scho-nen, weil ich die Filme gratis sehen könnte. Das verdiente Geld würde meinem Golf GTI dann schon wieder auf die Sprünge helfen.

Oder IT-Programmierer? Die bieten den Einstieg mit einer Aus-bildung. Die investieren in ihre Leute. Wäre das vielleicht der Job fürs Leben?

Und hier? CallCenter-Agent gesucht. Hm. Kommunikativ …

bin ich. Offen und dynamisch ... bin ich. Mindestens zweisprachig, bereit zur Weiterbildung, belastbar ... bin ich, bin ich alles – bei aller Bescheidenheit.

Warum nicht einfach mal bewerben? Geht ja direkt online. Ein paar Mausklicks und ab die Post.

Eine knappe Woche später liegt schon ein Antwortbrief des Unternehmens im Briefkasten. «Sehr geehrter Herr Schuler, ... und so weiter und so weiter ...». Dann kommt es: «... freuen wir uns darauf, Sie bei einem persönlichen Bewerbungsgespräch kennenzulernen.» Jupi, so schnell kann's gehen!

Und dann geht es fast schneller, als es Kevin lieb ist: Das Bewerbungsgespräch läuft gut, die Tests besteht er mit Bravour, schon ist der Vertrag in der Tasche! Der alte Job ist gekündigt und der Blick jetzt definitiv nach vorn gerichtet. Kevin, dein Weg in die Zukunft hat begonnen.

Übersicht erste Woche

Mein Herz klopft bis zum Hals. Der erste Tag im CallCenter. Ich stehe vor dem Haupteingang meines neuen Arbeitgebers, beobachte erst noch ein paar Minuten die Leute, die da hineingehen. Bin eh viel zu früh dran. Die meisten sehen ganz sympathisch aus. Wie lange es wohl dauert, bis ich Anschluss an nette Kollegen finde?

Los geht's. Es gibt kein Zurück mehr. Meine Teamleiterin Martina empfängt mich freundlich und führt mich erst einmal durch das Grossraumbüro. Mann, hier geht's ja zu! So viele Agents, die gleichzeitig telefonieren. Wie soll man denn da einen klaren Kopf behalten? Auf was hab' ich mich da bloss eingelassen?

Hoppla, ich war so in Gedanken, dass ich gar nicht reagiere, als Martina mir ein Buch vor die Nase hält: «Hier, Kevin, das ist für dich. Der BestCaller. Das ist unser Handbuch für professionelles Telefonieren. Jeder im Team benutzt es. Es beinhaltet alles Wissenswerte rund um deinen Job am Telefon. Der BestCaller wird dein steter Begleiter werden, jetzt in der Einarbeitungszeit, aber auch später, wenn du dich weiterentwickeln willst. Er ist kein Lesebuch, sondern ein Arbeitsbuch. Das heisst, du findest in jedem Kapitel Übungen und Platz für deine eigenen Notizen. So wird der BestCaller mit der Zeit zu deinem ganz persönlichen Handbuch.»

BestCaller. Klingt gut. Könnte glatt die Berufsbezeichnung sein für das, was ich werden möchte. Nicht nur ein Agent, der gut telefonieren kann, sondern der beste. Nur keine falsche Bescheidenheit. Wenn ich in diesem anspruchsvollen neuen Umfeld Erfolg haben will, muss ich meine Ziele hoch stecken.

«Am Nachmittag geht's in die Praxis», höre ich Martina sagen. Was? Die wollen mich schon ans Telefon setzen und auf Kunden loslassen?

Ganz so schnell geht es zum Glück dann doch nicht. Erst mal darf ich bei einer der Expert-Agentinnen mithören. Jenny. Wow!

Schon vorhin beim Rundgang hab ich ihre charmante Stimme gehört. Die ist offensichtlich gut! Und ausserdem sieht sie gut aus! Hey, Moment mal, Kevin, wohin bewegen sich da deine Gedanken? Du sollst dich gefälligst darauf konzentrieren, etwas von ihr zu lernen. Also komm mal wieder auf den Boden.

Was ist es eigentlich, das Jenny so gut macht? Klar hat sie ein grosses Fachwissen, kennt sich gut aus. Aber das scheint nicht das Ausschlaggebende zu sein. Sie hat einfach eine wahnsinnig tolle Ausstrahlung. Die Kunden werden von dieser Stimme sicher genauso verzaubert wie ich. Sie kommt einfach super nett und dabei seriös und kompetent rüber.

Wie lange es wohl dauert, bis ich so gut telefonieren kann?

Dem ersten spannenden Tag im CallCenter folgen vier Tage Einführungstraining. Dort erfahre ich alles Wichtige über die Produkte und Dienstleistungen meines neuen Arbeitgebers. Die, das heisst, jetzt darf ich ja sagen *wir*, haben einiges zu bieten. Ich habe auch schon gelernt, das Kundensystem und die Telefonanlage zu bedienen. Und damit wir Neulinge im Gespräch mit den Kunden von

Anfang an den richtigen Ton treffen, werden uns die wichtigsten Grundregeln für kundenorientiertes Telefonieren beigebracht. So vergeht die erste Woche wie im Flug.

Mein Fazit auf dem Nachhauseweg am Freitagabend lautet: Da habe ich mich offenbar für das richtige Unternehmen entschieden. Zugegeben, einen klitzekleinen Anteil an diesem positiven Gefühl hat auch die Tatsache, dass es da diese Jenny gibt.

Darf das wahr sein, dass ich mir schon nach so kurzer Zeit den Kopf habe verdrehen lassen? Kevin, vergiss das gleich wieder. So toll, wie sie aussieht, und so kommunikativ wie sie ist, ist sie sicher längst in festen Händen.

Wie auch immer, jetzt geniesse ich erst mal das Wochenende.

Übersicht zweite Woche

Das war eine ganz neue Erfahrung für mich. Dieses Wochenende habe ich gar nicht richtig genossen. Ich musste die ganze Zeit an meinen neuen Job denken und konnte es kaum erwarten, mich am Montag wieder auf den Weg zur Arbeit zu machen. Ich bin sogar aufgewacht, bevor der Wecker klingelte. Das gab's noch nie!

In meiner zweiten Woche hat der Ernst des Lebens endgültig begonnen. Martina hat mir meinen Telefonarbeitsplatz gezeigt, und kurz darauf wurde ich schon in die Hotline-Schleife eingeschaltet. Ich hatte kaum Zeit, mich über meinen bequemen Stuhl, den ergonomischen Tisch, den Flachbildschirm und das polierte Namensschildchen zu freuen. Die Servicelevel-Anzeige blinkt rot: Viele Kunden hängen in der Warteschleife und erwarten schnellstmöglich einen Ansprechpartner.

Ob das wohl gut geht? Ich bin ganz schön nervös. Schweissperlen stehen mir auf der Stirn, obwohl es hier drin gar nicht so heiss ist. Na, wird schon klappen. Schliesslich habe ich letzte Woche eine gute Einführung bekommen. Für Notfälle habe ich ja noch den BestCaller in der Tasche. Der wird mir schon beistehen. Und meine Chefin wird mich auch nicht im Regen stehen lassen.

3, 2, 1, los! Noch mal tief durchatmen, dann habe ich den ersten Kunden *im Ohr*. Die Begrüssung klappt einigermassen, aber wo war jetzt noch mal der Knopf im System, um die letzte Kundenrechnung abzurufen? Und wo habe ich meinen Kugelschreiber hinge-

legt? Mist, an alles muss man hier denken. Das ist ja reinstes Multi-
tasking!

Irgendwie haben der Kunde und ich den ersten Anruf überstan-
den. Gar nicht so schlecht, glaube ich. So anspruchsvoll wie das alles
ist – es beginnt mir wirklich Spass zu machen. Ist ja auch eine super
Sache, wenn ich den Kunden weiterhelfen kann.

Den ersten Tag mit echten Kundentelefonaten habe ich wie im
Höhenflug erlebt, den zweiten auch noch. Dann hat mich die harte
Realität eingeholt: Je mehr Routine ich bekommen habe, desto
schneller konnte ich einen Call erledigen und desto schneller hatte
ich schon wieder den nächsten Kunden in der Leitung. Es hat nicht
lange gedauert, und ich war bei 80 Calls am Tag. Ich weiss, dass das
in unserem Team normal ist. Einige meiner Kollegen nehmen sogar
deutlich mehr Calls pro Tag entgegen. Aber mich bringt das wirklich ganz schön ins Schwitzen. Auf was habe ich mich da bloss eingelassen?! Ich bin völlig erledigt. Kaum zu fassen, wie Jenny das so
locker macht. Sie ist abends um fünf noch genauso gut gelaunt wie
am Morgen. Sie scheint immer noch voller Energie zu sein, obwohl
sie den anspruchsvollen Arbeitstag sicher auch spürt. Ich bewun-
dere, wie sie das wegsteckt.

Ich bin so mit mir selbst und den Kundentelefonaten beschäftigt, dass ich kaum noch etwas um mich herum wahrnehme. Und
Jenny telefoniert und telefoniert und kann sogar noch rechts und
links Tipps geben oder ein Lächeln verschenken. Unglaublich, diese
Powerfrau! Nur schade, dass ihr Lächeln nicht so oft mir gilt.

Habe ich mich vielleicht doch übernommen? Ist der Job doch
nicht so toll, wie es zuerst schien? Langsam kann ich mich schon
selbst nicht mehr hören, wie ich hundertmal
am Tag das Gleiche sage. Und dann immer
dieser Blick auf die Servicelevel-Anzeige. Der
Servicelevel ist ein Massstab, der anzeigt, wie
viele Kunden innerhalb der beispielsweise 20
Sekunden, die sich unser Unternehmen zum
Ziel gesetzt hat, «durchkommen». Das heisst,
ein Kunde sollte nicht länger als 20 Sekunden
warten, bis sein Anruf von einem Agenten
entgegengenommen wird. Wenn der Servicelevel unter 80 Prozent fällt, wird die Anzeige

rot. Das ist der Moment, in dem die Atmosphäre im CallCenter zu knistern beginnt und bei einigen meiner Kolleginnen und Kollegen Hektik ausbricht.

Irgendwie ist mir das diese Woche alles zu viel geworden. Zum Glück ist es Freitagabend, nur noch 5 Minuten bis zum Feierabend.

Als ich mich endlich aus der Telefonschleife ausloggen konnte, war ich völlig erledigt. Ich musste mich richtiggehend aus dem Call-Center schleppen.

Am Samstagmorgen habe ich erst mal ausgeschlafen. Bis elf Uhr. Danach habe ich mich schon wieder ein bisschen besser gefühlt. Konnte mich sogar aufraffen, meine Sporttasche zu packen und squashen zu gehen.

Das tut gut. Mit jedem Schlag kehren meine Lebensgeister etwas mehr zurück. Ich muss öfter Sport treiben. Ich brauche definitiv einen Ausgleich zu meinem neuen Job, der mich mental so fordert. Das ist ein guter Vorsatz. Und da heute nicht Silvester ist, ist die Chance gross, dass ich ihn umsetze.

Übersicht dritte Woche

Die dritte Woche hatte echt gut angefangen. Ich konnte mein Glück gar nicht fassen, als Jenny am Montag auf mich zukam und fragte, ob ich mit ihr in die Mittagspause gehen wolle. Zuerst hab ich sie wahrscheinlich angeschaut wie ein Marsmännchen. «Gggggern. Klar. Äh. Sehr gern sogar.» Na, mit so einem Gestammel machst du ja nicht gerade einen tollen Eindruck, Kevin! Manchmal bin ich echt eine Schnarchnase.

Zum Glück ist Jenny so souverän, dass sie über so etwas hinwegsieht. Sie hat sich beim Essen so nett und unkompliziert mit mir unterhalten, dass ich gar nicht viel falsch machen konnte.

Als nach diesem guten Wochenstart am Dienstag auch noch meine Teamleiterin Martina zu mir kommt und mich für meine Arbeit lobt, sieht die Welt für mich nur noch rosarot aus.

Und dann passiert es. So schnell kann es gehen. Bis vor ein paar Minuten noch ein Höhenflug, und jetzt der Tiefschlag. Der Kunde am Telefon hört sich kaum meine Begrüssung an, er poltert gleich los. Seine Reklamation verpackt er alles andere als freundlich. Die Worte prasseln in einer Lautstärke und in einem Tempo auf mich

ein, dass ich kaum noch weiss, wo mir der Kopf steht. Dann noch das: «Sie sind wohl neu – so wenig wie Sie wissen! Sind Sie noch im Kindergarten?» Peng. Das hat gesessen. Ich fühle mich wie nach einem Schlag in die Magengrube.

Puh, solche Kunden sind mir eine Spur zu heftig! Auf so etwas habe ich nicht jeden Tag Lust!

Was hat der Typ sich eigentlich dabei gedacht, mich so anzupflaumen? Das war echt unverschämt. Ich bin schliesslich auch ein Mensch. So geht man doch nicht miteinander um!

Ich wusste echt nicht, wie ich reagieren sollte. Am liebsten hätte ich aufgelegt. Aber das ist ja nicht professionell.

Am besten hole ich mir bei Jenny Rat. Wie schafft sie es, in solchen Situationen cool zu bleiben und den Kunden zu beruhigen?

Übersicht vierte Woche

«Diese Woche machst du die ersten Outbound-Gespräche. Es sind noch Mailings nachzufassen.» Hey, die Teamleiterin geht ja ganz schön auf Tempo.

Den Kunden am Telefon etwas verkaufen – das habe ich ja noch nie gemacht! Verkaufen. Kann ich das überhaupt? Und die andere Frage: Will ich das überhaupt?

War ich nicht selbst neulich gar nicht begeistert über den Anruf des Autohändlers, der mir neue Winterreifen schmackhaft machen wollte? Beim Stichwort Auto fällt mir ein: Mein Golf macht schon wieder Zicken. Da wird wohl erst mal nichts draus, Jenny am Samstag zum Snowboarden einzuladen. Na ja, wäre vielleicht sowieso ein bisschen verfrüht gewesen. Ich will ja nicht aufdringlich wirken. Sie ist echt nett zu mir. Aber zu allen anderen leider auch. Einziger Hoffnungsschimmer ist: Ich habe neulich mitbekommen, dass sie momentan nicht liiert ist.

Aber eigentlich war ich ja gerade dabei, mir über die bevorstehende Verkaufsaktion Gedanken zu machen. Manchmal ist das eben so eine Sache mit der Konzentration!

Wie soll ich die Kunden nur davon überzeugen, dass unser Produkt wirklich das richtige für sie ist? Was mache ich, wenn sie mit Einwänden kommen? Oder noch schlimmer, mit Vorwänden – so wie ich beim Autohändler? «Wissen Sie, ich habe gerade gar keine Zeit zum Telefonieren.» So schlaue Ausreden wie mir fallen den anderen Kunden sicher auch ein.

Wie könnte ich Jenny davon überzeugen, dass sie mal was mit mir unternehmen sollte? Gemeinsam snowboarden wäre doch immerhin interessanter, als die Briefmarkensammlung zu zeigen – die ich ausserdem gar nicht habe. Wie wär's mit: «Du, Jenny, ich bin ein Super-Snowboarder, wollen wir nicht mal zusammen auf die Piste?» Nee, das ist definitiv zu dick aufgetragen.

Hey, jetzt bin ich ja schon wieder vom Thema abgekommen!

Zum Glück brauche ich mir den Kopf nicht weiter über die Telefonaktion zu zerbrechen. Die Teamleiterin ruft das Team zusammen und verteilt Telefon-Leitfäden. Darin finde ich nicht nur einen interessanten Gesprächseinstieg, sondern auch die Antworten auf all meine anderen Fragen: Alle schlagenden Argumente sind bereits aufgelistet und die Einwandbehandlung ist strukturiert vorbereitet.

Nach einer kurzen Instruktion von Martina sollen wir Agents uns in Zweier-Teams zusammentun, um die Benutzung des Leitfadens «trocken zu üben». Habe ich ein Glück! Der Zufall will es, dass ich per Los Jenny als Partnerin zugeteilt bekomme. Ach was, Zufall – das muss Schicksal sein!

Drei Tage später ist die Aktion vorbei, und die Auswertungen der Abschlüsse pro Agent hängen an der Wand: Ich finde meinen Namen ganz oben auf der Liste. Ich konnte die meisten Kunden überzeugen. Der Newcomer hat zugeschlagen!

Übersicht fünfte Woche

Ich freue mich auf jeden Tag an meinem neuen Arbeitsplatz. Und nicht nur, weil ich da Jenny treffe. Ich habe den richtigen Job gefunden. Die Arbeit am Telefon ist echt meine Welt. Die Faszination

Telefon hat mich gepackt – ein wichtiger Mitarbeiter in einem modernen Wirtschaftszweig zu sein tut gut.

Klar gibt es immer wieder Höhen und Tiefen. Aber glücklicherweise sind die Höhen häufiger. Die meisten Kunden sind dankbar dafür, dass ich ihnen weiterhelfe. Und je öfter ich eine Anfrage bearbeite, je mehr ich telefoniere, desto mehr Sicherheit bekomme ich. Ich habe wirklich das Gefühl, jeden Tag besser zu werden.

Wenn immer alles rund laufen würde, wäre das ja auch langweilig. Die schwierigen Situationen sind die, in denen ich wirklich beweisen kann, was ich schon alles draufhabe. Wie bei der Kundin eben, die wirklich mit einem grösseren Problem kam. Ich habe erst mal viele Rückfragen gestellt und alles gewissenhaft notiert. Dann habe ich ihr einen Rückruf angeboten, damit ich Zeit habe, eine Lösung zu finden.

Bis dahin war es kein Problem. Aber wie weiter?

Die Teamleiterin fragen? Die ist gerade in einem Management-Meeting. Bis sie zurückkommt, dauert es zu lange. Darauf kann ich nicht warten. Bleibt einmal mehr meine gute Fee: Jenny. Die kann mir sicher weiterhelfen.

«Du, Jenny, ich habe da eine Knacknuss, bei der ich Hilfe brauche.»

«Klar, helfe ich dir, schiess los, um was geht's? ... Was erwartet die Kundin von uns? ... An welche Lösungen ihres Anliegens hast du bereits gedacht? ... Was sind die Vor- und Nachteile dieser Varianten? ... Welche bietest du ihr an, und wie erklärst du ihr das so, dass sie ihren Nutzen erkennt? ... Wie würdest du es sagen, wenn ich die Kundin wäre?»

Donnerwetter, Jenny fordert mich. Coaching nennt sie das. Ist irgendwie gut. Wenn ich die Lösung selbst entwickle, kann ich sie am Telefon auch besser rüberbringen. Ausserdem kann ich stolz darauf sein, wenn ich nicht nur das tue, was mir jemand anderes gesagt hat.

Ich sag's ja schon die ganze Zeit, dass diese Jenny toll ist!

Und schon wieder ist eine Woche fast vorbei. Jetzt arbeite ich schon über einen Monat im CallCenter.

Ich fühle mich super, weil ich merke, dass ich den Anforderungen gerecht werden kann. Der schlimme Stress der ersten beiden

Wochen ist längst vergessen. Ich habe das Gefühl, mein Leben wieder im Griff zu haben.

Das Einzige, was mich jetzt noch plagt, ist die Ungewissheit, wie Jenny mich findet.

Als ich heute morgen auf meinen Schreibtisch zusteuere, sehe ich schon von weitem einen leuchtend gelben Zettel dort liegen.

Die Neugier packt mich. Ist das nicht Jennys Schrift? «Siehe Rückseite.» Also gut: «Kevin, mir gefällt, wie du dich ins Team eingefügt hast. Ich wäre gern immer deine Kundin. Deine Jenny.»

Deine Jenny. Wow! Ich bin sprachlos.

Mein persönliches Handbuch

Wie ist es aufgebaut, und wie nutze ich es?

Der neue BestCaller ist dein Begleiter, Notizbuch, Ratgeber, Ideengenerator und Nachschlagewerk zugleich, um im Alltag während der Arbeit aufkommende Fragen zu beantworten. Er soll dich dabei unterstützen, dein Arbeitsinstrument, das Telefon, noch professioneller einzusetzen.

Das Buch ist als Dialog mit Kevin geschrieben. Aus diesem Grund wurde die Du-Form gewählt. Dadurch kann der Leser, also du, mehr und mehr in die Rolle von Kevin schlüpfen.

Wir möchten deinen Lernprozess begleiten. Da du persönlich angesprochen wirst, bist du stärker in die Themen eingebunden. Du bist der direkt Beteiligte, der selbst entscheidet, was er aus den Inhalten macht.

Du kannst das Buch vom Anfang bis zum Ende durchlesen, du kannst aber auch einfach in den Kapiteln schmökern, die dich im Moment am meisten interessieren. Das Buch ist so aufgebaut, dass jedes Thema für sich erarbeitet werden kann. In jedem Kapitel findest du hellgrau unterlegte Texte unserer Psychologie-Expertin Angi. Sie richten sich an Leser, die sich für die psychologischen Hintergründe interessieren.

Querverweise leiten dich zu anderen Kapiteln, in denen du verwandte oder weiterführende Themen findest.

Icons, wie der Glühbirnen-Stift, zeigen an, dass hier etwas besonders Wichtiges steht.

Der Männchen-Stift bedeutet, dass du hier etwas notieren oder eine Frage beantworten kannst.

Am Ende eines jeden Kapitels findest du Kevins Lerntagebuch. Es fasst die wichtigsten Punkte des vorausgegangenen Kapitels zusammen. Dann folgt ein freies Textfeld, in dem du festhalten kannst, was dir zu diesem Thema besonders wichtig erscheint, was du wie und bis wann angehen willst. So wird der BestCaller zu deinem ganz persönlichen Handbuch.

Noch etwas in eigner Sache: Aus Gründen der besseren Lesbarkeit verzichten wir überwiegend auf die Nennung der jeweils weiblichen und männlichen Personenbezeichnung. Mit der von uns verwendeten Form sind beide Geschlechter gemeint.

Kapitel 1 – Die erste Woche

Die erste Woche im CallCenter hinterlässt bei Kevin viele neue Eindrücke. Er erlebt die Dynamik im Büro, absolviert ein Einführungstraining, um sowohl fachlich als auch kommunikativ für die Kundentelefonate gerüstet zu sein, und lernt seine neuen Kolleginnen und Kollegen kennen.

Eine von ihnen hat es ihm besonders angetan: Jenny. Er darf bei der Expert-Agentin Gespräche mithören. Sie beeindruckt ihn mit ihrer Professionalität und ihrem natürlichen Charme tief. Ehe er sich's versieht, hat Kevin Schmetterlinge im Bauch.

Diese Woche bestätigt ihn darin, dass der Jobwechsel definitiv der erste Schritt auf dem Weg zum Glück ist. Beruflich auf jeden Fall – und vielleicht auch privat.

Seinen persönlichen Guide, den BestCaller, hat er immer bei sich. Er will ja so schnell wie möglich vorwärts kommen und seinen Kunden – und Jenny – unter Beweis stellen, dass er es am Telefon draufhat.

Kommunikation am Telefon
Was ist das Besondere daran?

Kundenorientiertes Telefonieren
Was sind die Grundregeln?

Kommunikation am Telefon

Was ist das Besondere daran?

Das Telefon – mein Instrument

Kevin, könntest du dir ein Leben ohne Telefon, vor allem ohne mobiles Telefon noch vorstellen? Wohl kaum. Das geht uns genauso. Das Telefon gehört für uns zu den selbstverständlichen Dingen dieser Welt. So wie die Zahnbürste, das Fahrrad oder das Radio.

Es ist kaum mehr vorstellbar, dass ein privates Telefon um 1950 nur ganz wenig Privilegierten vorbehalten war. In dieser Zeit konnte man nur in vereinzelten Telegrafenstationen telefonieren. Später kamen die Postämter dazu und dann die Telefonzellen. Sie wurden von den staatlichen Telefongesellschaften an zentralen Orten platziert.

Und plötzlich kam der grosse Schritt: Die Telefongesellschaften stellten der breiten Masse das fest installierte Telefon in Privathaushalten zur Verfügung. Dies allerdings bei Ferngesprächen zu horrenden Gebühren. Aber auch das änderte sich schnell. In den 90er-Jahren geriet die monopolisierte staatliche Telefongesellschaft unter Druck. Liberalisierung war das grosse Thema. Jetzt konnte der Kunde profitieren. Der initialisierte Wettbewerb bescherte Geschäfts- wie Privatkunden günstigere Preise. Auch der technische Fortschritt wurde durch den gegenseitigen Wettbewerb begünstigt. Dies wiederum beschleunigte die Entwicklung des mobilen Telefons. Das Handy eroberte die Herzen.

Die Benützung des mobilen Telefons konzentrierte sich zunächst auf den Einsatz im Auto. In der Schweiz wurde der Name Natel geprägt. Das ist die Abkürzung für **na**tionales Auto**tel**efon. Warum konzentrierte sich der Einsatz anfänglich auf das Auto? Ganz einfach: Diese Technik brauchte Platz und enorm viel Energie. Platz fand sich im Auto eher als in der Hosentasche. Das Gewicht dieser aufwendigen Technik (1970 waren es noch rund 40 Kilogramm) ertrug das Auto besser als der Nutzer. Und das Fahrzeug konnte Energie im Überfluss zur Verfügung stellen.

Glücklicherweise machte die Technik rasend schnell Fortschritte und wurde für jedermann erschwinglich. Die Handys wurden immer kleiner und die Netze nahezu flächendeckend. Das Mobiltelefon fand seinen Weg in die Hosentasche. Damit gewannen wir schlagartig eine gigantische Mobilität.

Das Telefon trug dazu bei, dass die Welt zum Dorf wurde.

Politik, Wirtschaft, Kultur, Privatleben würden heute nicht mehr funktionieren, hätte nicht jeder Betrieb, jedes Büro und jeder Haushalt einen Anschluss.

Die Abläufe in unserem Alltag sind so schnelllebig geworden, dass rasche Kommunikation zum Erfolgsfaktor in nahezu allen Branchen geworden ist. Obwohl sich die Telekommunikation in der Technik enorm entwickelt und verfeinert hat, ist die Kernaufgabe neben Daten- und Bildübertragung die gleiche geblieben: die Übertragung der Stimme, unabhängig vom jeweiligen Ort des Senders und des Empfängers.

Das Telefon ist zum selbstverständlichen Kommunikationsgerät geworden. Menschen am Telefon bewegen die Welt.

Das Telefon als Visitenkarte des Unternehmens

Menschen am Telefon sind oft die Ersten, die mit dem Kunden in Kontakt kommen. Daher der Ausdruck «Das Telefon ist die Visitenkarte des Unternehmens». Es ist der erste Eindruck, der zählt. Für den ersten Eindruck gibt es keine zweite Chance.

Um dies zu veranschaulichen, laden wir dich zu einem Gedankenexperiment ein, Kevin. Stell dir vor, du hast vor ein paar Tagen dein mobiles Telefon durch einen neuen PDA (Personal Digital Assistant) ersetzt. Er kann alles, was das Herz begehrt. Das integrierte Navigationssystem führt dich auf dem schnellsten Weg überall hin. Du hörst mit dem MP3-Player Musik, du siehst fern und – ach ja, telefonieren kannst du damit natürlich auch. Nur mit dem Over-the-Air-Datenabgleich zu deinem Laptop hapert es. Du probierst und probierst. Es will einfach nicht klappen. Irgendwann denkst du dir: Genug ist genug! Du willst ja bei aller Freude am Ausprobieren nicht endlos Lebenszeit in dieses kleine Wunderding investieren. Du rufst die Hotline an. Und was passiert jetzt?

Das Erste, was du hörst, ist ein Tonband. Hoppla, muss das sein? Aber die Stimme klingt sympathisch und die Menü-Steuerung ist klar aufgebaut. Schnell hast du die entsprechende Sprache gewählt und den Grund deines Anrufs einer Zahl zugeordnet: ein erster guter Eindruck!

Einen kurzen Moment lang läuft Musik, dann meldet sich eine weitere sympathische Stimme, diesmal nicht vom Tonband. Toll, du bist sehr schnell durchgekommen und freundlich «empfangen worden»: ein zweiter guter Eindruck!

Du schilderst dein Anliegen: Die junge, freundliche Stimme am anderen Ende der Leitung führt das Gespräch gezielt, indem sie die richtigen Fragen stellt. Die nette Dame merkt schnell, dass dies ein Fall für einen Computerspezialisten ist. Sie sagt dir das in kurzen Sätzen und äusserst freundlich. Sie bittet dich um einen Moment Geduld, damit sie einen Spezialisten suchen kann: Aller guten Dinge sind drei. Dies ist ein guter dritter Eindruck!

Sie ist wirklich charmant und führt das Gespräch echt gut, schiesst es dir durch den Kopf.

Nach kurzer Zeit meldet sich ein Kollege deiner ersten Kontaktperson. Er kennt dein Anliegen bereits. Seine Kollegin hat dir offensichtlich gut zugehört und ihn in kürzester Zeit informiert: ein vierter guter Eindruck!

Du merkst: Dieser Typ kennt sich aus. Der ist kompetent. Mit wenigen zusätzlichen Fragen hat er lokalisiert, was du übersehen hast. Mit einfachen Worten, die auch du als Computerlaie verstehst, führt er dich durch die Menü-Steuerung deines neuen PDA. Und siehe da, die Daten werden problemlos abgeglichen. Super, denkst du: ein fünfter guter Eindruck!

Du legst auf und fühlst dich bestärkt, dass du beim richtigen Provider bist. Sicher ist, dass du dieses positive Erlebnis mehreren Kollegen weitererzählen wirst. So fungierst du indirekt als Werbebotschafter deines Lieferanten.

Das Ganze hat etwa sieben Minuten gedauert. Ein Klacks, verglichen mit der Zeit, die du schon investiert hattest.

Du siehst, Kevin, das Telefon ist ein enorm effizientes und effektives Instrument. Wenn es so positiv abläuft, wie in diesem Beispiel geschildert, stehen Menschen dahinter, die Freude an ihrem Job haben, die dich im Moment deines Anrufs ins Zentrum der Welt stellen.

Einsatzgebiete des Telefons

Ein Mitarbeiter am Telefon wickelt pro Zeiteinheit viel mehr Kontakte als sein Kollege im Aussendienst ab. Diese Tatsache erlaubt uns die These, dass das Telefon heute in der Wirtschaft das effektivste und effizienteste Kontaktinstrument überhaupt ist.

Betrachten wir anhand einiger beispielhafter Fälle, ob das Telefon dieser These tatsächlich gerecht werden kann.

Telefonzentrale/Rezeption

Welches andere Instrument auf der Welt lässt dich so schnell und emotional ansprechend wissen, wie willkommen du bist?

Kundenbetreuungsteam

Welches andere Instrument auf dieser Welt ist so wirkungsvoll, so günstig und so geeignet, um viele kleine Kunden, statt durch seltene Besuche vom Aussendienst, regelmässig in Form eines Anrufs zu betreuen?

Winback-Team

Welches andere Instrument auf dieser Welt ist so emotional berührender, dass es dich dazu bewegt, deine Vertragskündigung zurückzuziehen?

Rettungsflugwacht-Hotline

Welches andere Instrument auf der Welt ist schneller, um für Menschen in Not Hilfe zu organisieren?

Die Liste der Beispiele liesse sich noch eine ganze Weile fortführen. Das Telefon bietet fast unbegrenzte Möglichkeiten. Es ist **das** Kommunikationsinstrument. Es bewegt. Es bewegt Menschen. Es bewegt die Wirtschaft. All die Menschen, die das Telefon täglich nutzen, halten die Wirtschaft am Laufen. Sie schaffen Arbeit. Sie schaffen Arbeitsplätze.

Und, hat das Telefon bestanden?

Wir wollen damit nicht sagen, dass das Telefon in allen Fällen das beste Kontaktinstrument ist. Vielmehr wollen wir zum Ausdruck bringen, dass das Telefon kundenbezogene Aktivitäten auf verschiedene Art und Weise unterstützen kann. Entscheidend ist, dass es klug und richtig eingesetzt wird.

Klug und richtig eingesetzt ist es dort, wo dem Kunden mit dem Telefonanruf ein Mehrwert geboten werden kann. Dort, wo der Kunde merkt, dass das telefonische Angebot für ihn zumindest theoretisch in Frage kommt.

Das ist natürlich viel schwieriger für diejenigen, die in einem Direct Marketing-CallCenter sitzen und zufällig ausgewählte Personen anhand von Telefonbucheinträgen anrufen müssen. Über diese Menschen wissen sie nichts. Das bedeutet automatisch, dass sie auf «Glückstreffer» angewiesen sind, bei denen der Kunde gerade auf das gewartet hat, was sie im Angebot haben.

Kevin, denk mal an den letzten Freitagabend zurück. Du hattest deine beiden besten Freunde zum Abendessen eingeladen. Ihr habt gemütlich am Esstisch gesessen und es euch gut gehen lassen.

Das Letzte, was du in diesem Moment wolltest, war gestört zu werden. Und dann klingelte dein Telefon. Schon nach zwei Sätzen hast du gewusst, woher der Wind weht: ein CallCenter! Was ist dir durch den Kopf geschossen? Hilfe, alles, nur nicht das und schon gar nicht jetzt? Der will mir sicher ein Zeitungsabonnement, Wein oder sonst was verkaufen. Oder ich bin der Auserwählte für eine Marktumfrage, die «nur» 20 Minuten dauert.

Kevin, was immer dir bei solchen Anrufen durch den Kopf geht: Die Realität ist, dass du ab sofort auf der anderen Seite sitzt. **Du** bist der, der anruft. Es ist nicht mehr die Frage, wie es bei dir ankommt, wenn du angerufen wirst. Es ist die Frage, was du unternimmst, damit deine Gesprächspartner am anderen Ende der Leitung nicht «Hilfe!» denken, sondern «da kommt etwas Gutes auf mich zu!».

Keine Angst, Kevin, es ist ein toller Job, für den du dich entschieden hast. Damit du ihn professionell und zur Freude deiner Kunden ausfüllen kannst, wird dir dieses Handbuch helfen.

Grundlagen der Kommunikation

Allgemein wird Kommunikation definiert als die Summe aller mündlichen, schriftlichen und körpersprachlichen Signale. Diese Signale werden zwischen einem Sender und einem Empfänger ausgetauscht. Damit Kommunikation gut funktioniert, müssen Sender und Empfänger auf der gleichen Wellenlänge liegen.

Wenn du kommunizierst, nimmst du mit anderen Menschen Kontakt auf, um zu informieren, Meinungen zu äussern, dich zu verständigen. Auch wenn du schweigst, kommunizierst du.

Es gibt mehrere Arten der Kommunikation: die verbale Kommunikation, die nonverbale und die paraverbale. Die verbale Kommunikation umfasst das gesprochene und geschriebene Wort. Nonverbale Kommunikation ist der Ausdruck durch Gestik, Mimik und Körperhaltung. Paraverbale Kommunikation ist die Art, wie die Sprache eingesetzt wird, also Tonfall, Lautstärke, Sprechtempo, Pausen, Sprechdauer, und so weiter.

Rational
Emotional

Am Telefon stehen die verbale und paraverbale Kommunikation im Vordergrund. Aber auch die nonverbale Kommunikation spielt eine Rolle – auch wenn das auf den ersten Blick unlogisch klingt. Dein Gesprächspartner am anderen Ende der Leitung sieht dich ja in den meisten Fällen noch nicht. Richtig. Aber deine Körperhaltung und die Tatsache, ob du gerade lächelst oder die Stirn runzelst, wirken sich auf deine Art zu sprechen aus – somit werden nonverbale Signale durch die Leitung übertragen. Wir kommen auf dieses Phänomen im Abschnitt «Kundenorientiertes Telefonieren» zurück.

Kundenorientiertes Telefonieren
➜ Kapitel 1
S. 35

Kommunikation findet auf zwei Bewusstseinsebenen statt, der emotionalen und der rationalen. Die rationale Ebene ist die, bei der es um Fakten, Zahlen, Inhalte und Begründungen geht. Auf der emotionalen Ebene liegen die Gefühle und Empfindungen.

> Die emotionale Kommunikationsebene bestimmt die rationale.

Das heisst, dass du im telefonischen Gespräch mit deinem Kunden zuerst eine emotionale Basis schaffen musst, bevor du ihn auf der rationalen Ebene (Sachebene) erreichst.

Sich auf der emotionalen Ebene zu treffen heisst nicht, dass ihr beste Freunde werden müsst. Zu den emotionalen Faktoren gehören Vertrauen, Respekt, Verständnis, Akzeptanz und Anerkennung.

Was das Herz berührt, gräbt sich ins Gedächtnis ein.
Voltaire

Gerade heutzutage, wo die Qualität von Produkten und Dienstleistungen der verschiedenen Anbieter immer weniger zu unterscheiden ist, lässt sich der Kunde im Kontakt mit einem Unternehmen sehr stark durch emotionale Faktoren leiten. Wenn du als Kontaktperson dem Kunden nicht sympathisch bist, erhöht sich die Wahrscheinlichkeit, dass der Kunde zu einem anderen Anbieter wechselt – oder sich zumindest nach Alternativen umschaut.

Im Gegenzug bedeutet das: Wenn du es schaffst, einen so kompetenten und vertrauenswürdigen Eindruck bei deinem Kunden zu hinterlassen, dass er gerne wieder mit dir telefoniert, erhöhst du die Chance, dass er ein zufriedener Kunde eures Unternehmens bleibt.

Was sind Erfolgsfaktoren der Kommunikation?

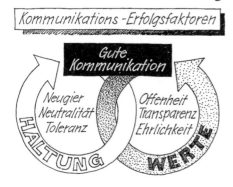

Die nebenstehende Grafik veranschaulicht die Kommunikations-Erfolgsfaktoren. Einerseits gehört dazu deine Haltung. Sie zeichnet sich hoffentlich durch deine ehrliche Neugier für dein Gegenüber und dessen Anliegen aus. Zudem ist sie weitgehend neutral – das heisst, du wertest nicht alles und jedes. Du bist tolerant gegenüber anderen Meinungen.

Ausschlaggebend für eine erfolgreiche Kommunikation sind auch deine Werte. Dazu sollten Ehrlichkeit, Offenheit und Transparenz gehören. Transparenz bedeutet Klarheit und Verständlichkeit deiner Aussagen. Ehrlich und offen sein heisst auch, keine faulen rhetorischen Kniffe und Tricks anzuwenden. Wichtig ist, dass dein Handeln von diesen Werten geprägt wird und dein Kunde das jederzeit spürt. Es ist im Prinzip ganz einfach: Sprich mit deinem Kunden so, wie du es als Kunde gern hättest.

Kommunikation und Wahrnehmung

Kommunikation hat sehr viel mit Wahrnehmung zu tun. Jeder Mensch redet über das, was er glaubt zu sehen oder zu hören. Im

Gespräch mit dem Kunden – wie auch in allen anderen Gesprächen, persönlich oder am
Telefon – kann es dir passieren, dass du nicht
vom Gleichen redest wie dein Kunde, weil du
nicht das Gleiche «siehst». Denn jeder Mensch
hat seine eigene Sichtweise, seine eigene
Wirklichkeit. Er konstruiert diese selbst. Und
zwar deshalb, weil jeder Mensch in seiner
Denkweise, seiner Wahrnehmung und seinem Verhalten einzigartig ist.

Die vorbehaltlose Bereitschaft, mit deinem Kunden unterschiedliche Sichtweisen
dieser Wirklichkeit auszutauschen, ist eine weitere Voraussetzung
für die optimale Kommunikation. Die Grafik veranschaulicht dies.

Eine unterschiedliche Wahrnehmung ist häufig die Ursache für
Missverständnisse. Im telefonischen Kundenkontakt führen diese
Missverständnisse schnell zu Einwänden oder gar zu Ablehnung seitens des Kunden. Der Kunde und du, ihr seht die Sachlage anders –
im wahrsten Sinne des Wortes. Möglichkeiten für einen Konsens gibt
es nur dort, wo sich eure Wirklichkeiten überlappen. Je stärker ihr
beide bereit seid, euren Blickwinkel zu erweitern, desto grösser wird
das Feld dessen, was ihr gemeinsam seht.

Wie erreichst du diese notwendige Erwei-
terung des Blickfelds? Der erste Schritt ist, dir
bewusst zu sein, dass es diese verschiedenen
Perspektiven gibt, von denen nicht eine
«wahr» und alle anderen «falsch» sind. Der
zweite Schritt ist, dass du mit deinem Gegenüber in einen Dialog trittst.

Kommunikation mit dem Kunden muss
immer ein Dialog sein, das heisst ein Zwei-
Wege-Prozess, der von den Bedürfnissen des
Kunden ausgeht. Natürlich berücksichtigst
du auch die Interessen deines eigenen Unternehmens. Aber deine Einstellung muss eine
partnerschaftliche sein. Das heisst, du strebst einen ideellen und
materiellen Gewinn für deinen Kunden und für dich bzw. deine
Firma an. Eines deiner wichtigsten Instrumente für den Dialog mit

Fragetechnik
→ Kapitel 3
S. 82

dem Kunden ist die Fragetechnik. Sie wird im Kapitel 3 ausführlich behandelt.

Du siehst schon, Kevin, Kommunikation stellt für alle Beteiligten *die* dauerhafte Herausforderung dar, um trotz unterschiedlicher Sichtweisen den gemeinsamen Nenner zu finden.

Kevins Lerntagebuch:

- Der Telefonkontakt ist die Visitenkarte unseres Unternehmens.
- Um gezielt Botschaften wirkungsvoll zu platzieren, ist das Telefon in den meisten Fällen das Instrument erster Wahl.
- Die emotionale Kommunikationsebene bestimmt die rationale. Wenn ich es schaffe, im Telefongespräch eine gute Atmosphäre aufzubauen, habe ich schon halb gewonnen.
- Um am Telefon Erfolg zu haben, muss ich dem Kunden mit einer Haltung von Offenheit, Ehrlichkeit und Neutralität begegnen.
- Jeder Mensch hat seine eigene Wirklichkeit. Das heisst, was ich für wahr halte, kann für meinen Gesprächspartner ganz anders aussehen.
- Bei einer Meinungsverschiedenheit muss ich es für möglich halten, dass ich mich irre und nicht der andere.

Kundenorientiertes Telefonieren

Was sind die Grundregeln?

Was bedeutet kundenorientiertes Telefonieren?

Kundenorientiertes Telefonieren bedeutet, dass du es durch dein Gesprächsverhalten am Telefon schaffst, dass der Kunde sich sofort willkommen und gut aufgehoben fühlt. Wenn er vom ersten Moment an spürt, dass er eine sympathische Person am anderen Ende der Leitung hat, die schnellstmöglich eine gute Lösung für ihn findet, dann hast du deinen Job gut gemacht, Kevin. Dann wird der Kunde begeistert sein – und sich womöglich schon auf den nächsten Telefonkontakt mit dir freuen!

Wie wirst du zum Champion im erfolgreichen, kundenorientierten Telefonieren?

Wie du schon beim Thema «Grundlagen der Kommunikation» gelernt hast, spielt die emotionale Kommunikationsebene die entscheidende Rolle. Anders ausgedrückt: Welchen Eindruck der Kunde von dir bekommt, hängt viel weniger davon ab, *was* du sagst, als davon, *wie* du es sagst.

Du kannst dir als Beispiel einen Eisberg vorstellen. Das Zehntel, das oberhalb der Wasseroberfläche zu sehen ist, entspricht dem *was* (emotionale Ebene). Die neun Zehntel, die unter der Wasseroberfläche liegen, entsprechen dem *wie* (rationale Ebene).

Du siehst also, Kevin, es ist sinnvoll, uns auf den folgenden Seiten diesem *wie* ausführlich zu widmen. Es wird durch eine Vielzahl von Faktoren geprägt. Wenn du weisst, worauf es ankommt, und wenn du dir deiner eigenen Stärken und Schwächen bewusst wirst, kannst du deinen Job immer besser ausfüllen. So, wie du es bei Jenny wahrnimmst.

Deshalb knöpfen wir uns jetzt Schritt für Schritt die verschiedenen Erfolgsfaktoren für kundenorientiertes Telefonieren vor.

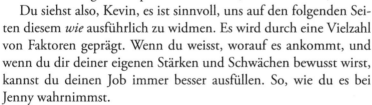

Einsatz der Stimme

Deine Stimme ist der Stimmungsmacher! C'est le ton qui fait la musique – Der Ton macht die Musik!

Deine Stimme ist das wichtigste Organ für deine Arbeit am Telefon. Da dich dein Gesprächspartner am anderen Ende der Leitung nicht sehen kann, wird sein ganzer Eindruck von dem geprägt, was deine Stimme ihm vermittelt.

Eine gute Telefonstimme ist einerseits zum Teil naturgegeben, andererseits aber auch das Resultat deiner inneren Haltung und der Qualität deines Sprechens. Es gibt verschiedene Möglichkeiten, bei der Sprechweise anzusetzen, um die Wirkung deiner Stimme zu optimieren. Gehen wir sie gemeinsam durch.

Monitoring
➡ Kapitel 5
S. 186

Übrigens, Kevin: Die Wirkung der eigenen Stimme und Sprechweise immer wieder anhand von Tonaufnahmen zu analysieren ist unverzichtbar. Nur so kannst du Anpassungen vornehmen und besser werden.

Atmung

Je voller deine Stimme klingt, desto kompetenter und engagierter wirkst du. Eine volle Stimme wiederum setzt eine volle Atmung voraus. Das heisst: Atme nicht kurz und flach, sondern tief bis ins Zwerchfell. Hol tief Luft und spür, wie sich deine Lungen füllen und leeren.

Am besten funktioniert deine Atmung, wenn du sehr aufrecht sitzt oder – noch besser – stehst. Nutze deshalb so oft wie möglich die Gelegenheit, beim Telefonieren zu stehen. Deine Stimme wirkt dadurch ausserdem dynamischer, als wenn du leicht vornübergebeugt am Tisch sitzt.

Modulation:
Sprechtempo, Sprechrhythmus und Lautstärke

Das Zusammenspiel von Sprechtempo, Sprechrhythmus und Lautstärke nennt man Modulation der Stimme. Es ist eine Kunst, die drei Komponenten zu einer interessanten Sprechmelodie zusammenzufügen. Es ist wie in der Musik. Erst die gelungene Kombination von Tempo, Rhythmus und Lautstärke macht aus den Noten Kunst.

Wenn du diese Kunst beherrschst, hört dir dein Gesprächspartner gerne zu. Wenn deine Stimme dagegen monoton und schleppend klingt, wirkst du gelangweilt und nicht engagiert.

Das **Sprechtempo** trägt wesentlich zur Verständlichkeit des Inhaltes bei. Es darf nicht zu schnell sein. Der Kunde muss gut folgen können. Hat er eine andere Muttersprache, gilt für dich: Tempo nochmals drosseln! Allzu langsames Sprechen wiederum kann als fehlendes Engagement, als fehlende Sachkompetenz oder als fehlende Glaubwürdigkeit interpretiert werden.

Der **Sprechrhythmus** wird durch Akzentuierung (Betonung) und Sprechpausen bestimmt. Pausen gliedern die Information in sinnvolle Zusammenhänge. Sie geben deinem Gesprächspartner die Möglichkeit zu reagieren. Zu lange Pausen wiederum erwecken den Eindruck von Unsicherheit.

Die angemessene **Lautstärke** am Telefon liegt leicht unter der Zimmerlautstärke. Aus Rücksicht auf deine Kollegen im Büro und deren Gesprächspartner am Telefon ist es wichtig, nicht zu laut zu sprechen. Eine laute Stimme wirkt zudem schnell aggressiv und löst beim Gesprächspartner Ablehnung aus. Eine zu leise Stimme andererseits wirkt unsicher und strengt den Zuhörer an. Wie so oft im Leben gilt auch hier: Wähle die goldene Mitte.

Artikulation

Artikulation beschreibt das vollständige Aussprechen von Silben – insbesondere der Endsilben.

Eine gute Artikulation ist ein wichtiger *Verständlichmacher* im (Telefon-)Gespräch. Sprich die Wörter bis zur letzten Silbe vollständig aus. Achte vor allem auf die «en»- und die «t»-Endungen. Sie werden besonders leicht verschluckt.

Körperhaltung und Mimik

Deine Körperhaltung spiegelt die innere Haltung, die du deinem Kunden gegenüber einnimmst. Freust du dich auf das Telefonat mit ihm? Dann kannst du ja gar nicht lustlos in den Seilen bzw. im Stuhl hängen. Die Vorfreude wird deinen Körper ganz automatisch in eine positive Spannung bringen und deine Mundwinkel werden sich nach oben ziehen.

Jeder Tag, an dem du nicht lächelst, ist ein verlorener Tag.
Charlie Chaplin

Ist dem nicht so? Hängen deine Mundwinkel beim Gedanken an das nächste Telefonat eher nach unten? Hat sich eine Sorgenfalte auf deiner Stirn breit gemacht und bist du halb in deinem Stuhl versunken? Wie sollst du da am Telefon dynamisch und positiv wirken? Nein, so wird das nichts. Du musst etwas ändern, bevor du zum Telefonhörer greifst oder die Wähltaste drückst.

Angi wird dieses Thema mit dir noch vertiefen.

Wie unsere Mimik unsere Gefühle beeinflusst

Lass uns ein kleines Experiment machen! Runzle deine Stirn, zieh die Mundwinkel nach unten und lass die Schultern hängen. Spürst du, wie sich diese Haltung und diese Mimik negativ auf deine Stimmung auswirken?

Jetzt nimm eine aufrechte Haltung ein, entspann deine Stirn und lächle deinen Kollegen am Tisch gegenüber an (oder falls du gerade allein bist: Lächle dich selbst im Spiegel an oder die Topfpflanze oder die Natur vor dem Fenster!). Merkst du, wie du dich gleich besser fühlst? Gelöster und besser gelaunt? Diesen Unterschied wird man dir nicht nur ansehen, sondern auch am Telefon anhören. Warum können wir unsere Stimmung so leicht beeinflussen und austricksen?

Wenn du glücklich bist, z.B. weil du gerade an ein schönes Erlebnis denkst, werden in deinem Körper Botenstoffe ausgeschüttet. Das sind chemische Substanzen, die für die Nachrichtenübertragung in deinen Nervenbahnen zuständig sind. Diese Botenstoffe geben die entsprechenden Signale aus deinem Gehirn an deine Motorik (also an deine Muskeln) weiter, was dazu führt, dass du lächelst – manchmal sogar, ohne dir dessen bewusst zu sein. «Glücklich sein» ist also mit dem motorischen Impuls «Lächeln» verknüpft.

Diese Verknüpfung funktioniert in beide Richtungen: Wenn du lächelst, wird diese motorische Regung an dein Gehirn weitergeleitet und führt dazu, dass dort Glücksstoffe (so genannte Endorphine) ausgeschüttet werden. Du fühlst dich also in diesem Fall glücklich, weil du lächelst.

Was ziehst du für dich als künftiger BestCaller aus diesem Wissen? Nimm, bevor du den Telefonhörer abhebst, eine aufrechte Körperhal-

tung ein und lächle – der Kunde wird deine positive Haltung wahrnehmen.

Ich weiss, spontan ein Lächeln aufzusetzen kann manchmal nicht einfach sein. Besonders dann, wenn du gerade mit einer unfreundlichen Person telefoniert hast oder wenn du dich aus irgendeinem anderen Grund geärgert hast. **Da habe ich einen Tipp für dich:** *In unserem Gesicht befinden sich die meisten Muskeln pro Körperfläche, und die nutzen wir jetzt! Nimm einen Bleistift oder Kugelschreiber quer in den Mund und beiss leicht darauf. So werden die gleichen Muskeln stimuliert wie bei einem Lächeln, und die Botschaft zur Ausschüttung der Glückshormone (Endorphine) kommt im Gehirn an.*

Probier es aus!

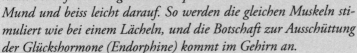

Verständliche Sprache

Bei einem Telefongespräch ist dein oberstes Ziel die gute Verständlichkeit – und nicht, dich durch eine möglichst gebildet wirkende Sprechweise zu profilieren.

Was trägt zu einer verständlichen Sprache bei?

Struktur

Dieser Aspekt ist schnell auf den Punkt gebracht: Je strukturierter und logischer deine Erklärungen sind, desto besser werden sie aufgenommen.

Wie du ein Telefongespräch ideal strukturierst, erfährst du im Kapitel 3.

Das strukturierte Telefongespräch
➡ Kapitel 3
S. 74

Einfachheit

Verwende kurze, verständliche Sätze. Konzentriere dich auf das Wesentliche. Und vor allem: Vermeide Fremdwörter und Fachchinesisch. Du wirkst glaubwürdiger, wenn du in der Sprache des Kunden sprichst und wirst ausserdem besser verstanden.

Die folgenden Beispiele veranschaulichen dies.

1. Beispiel:

kompliziert: «Wie sieht es bei Ihnen in Bezug auf die Lieferwünsche aus?»

einfach: «Wann dürfen wir liefern?»

2. Beispiel:

kompliziert: «Was ich Sie noch fragen wollte, ist, ob Sie in den nächsten zwei bis eventuell auch vier Wochen einmal Zeit für einen persönlichen Termin hätten?»

einfach: «Wann haben Sie in den nächsten vier Wochen Zeit für ein persönliches Gespräch?»

Zur Einfachheit gehört auch, dem Kunden Wörter so zu buchstabieren oder Zahlen so durchzugeben, wie er sie am besten verstehen und notieren kann.

Bei **Zahlen** gilt: Nenne jede Zahl einzeln. Also zum Beispiel: «Meine Telefonnummer ist 0–4–4–3–7–9–1–2–3» statt «Meine Telefonnummer ist 0 (null) 44 (vierundvierzig) 379 (dreihundertneunundsiebzig) 123 (hundertdreiundzwanzig)». Es lohnt sich in jedem Fall, eine Telefonnummer zu wiederholen. So stellst du sicher, dass der andere dich tatsächlich richtig verstanden hat. Und das Wichtigste ist natürlich: Sprich langsam, so dass der andere Zeit hat mitzuschreiben!

Die **Buchstabiertabelle** bekommst du hier:

A	= Anton	J	= Julius	S	= Siegfried/Samuel
Ä	= Ärger	K	= Kaufmann	T	= Theodor
B	= Berta	L	= Ludwig	U	= Ulrich
C	= Cäsar	M	= Martha	Ü	= Übermut
D	= Dora	N	= Nordpol	V	= Viktor
E	= Emil	O	= Otto	W	= Wilhelm
F	= Friedrich	Ö	= Ökonom	X	= Xanthippe
G	= Gustav	P	= Paula	Y	= Ypsilon
H	= Heinrich	Q	= Quelle	Z	= Zacharias
I	= Ida	R	= Richard		

Bildhafte Sprache

Wie oft hast du dir am Telefon schon gewünscht, dass du dem Kunden am anderen Ende der Leitung einfach kurz etwas aufzeichnen oder ein Produkt zeigen könntest? Mehr als einmal, oder, Kevin? Es würde die Erklärungen häufig sehr vereinfachen. Es käme seltener zu Missverständnissen.

Solange du und der Kunde noch kein Bildtelefon habt, wird dieser Wunsch unerfüllt bleiben. Aber einen Schritt in die Richtung zu mehr Bildhaftigkeit kannst du tun. Verwende bei deinen Erläuterungen sprachliche Bilder und Vergleiche.

1. Beispiel:

«normale» Beschreibung:	«Der Mietwagen-Parkplatz befindet sich hinter dem Bahnhof.»
bildhafte Beschreibung:	«Wenn Sie im Hauptbahnhof ankommen, nehmen Sie bitte den Ausgang Poststrasse. Gehen Sie direkt nach dem Ausgang nach rechts. Nach wenigen Schritten sehen Sie auf der rechten Seite das braune, fünfstöckige Postgebäude. Biegen Sie direkt dahinter rechts ab. Dann stehen Sie unmittelbar vor unserem Mietwagen-Parkplatz.»

2. Beispiel:

«normale» Beschreibung:	«Finden Sie an Ihrem Gerät auf der Rückseite das Qualitätszeichen?»
bildhafte Beschreibung:	«Finden Sie an Ihrem Gerät auf der Rückseite das Qualitätszeichen? Es ist etwa 1 auf 1 cm gross, grün und hat ein Symbol, das einer Muschel ähnelt.»

3. Beispiel:

«normale» Beschreibung:	«Die optionale PowerSound-Anlage mit 12 Boxen und insgesamt 600 Watt Leistung bringt eine sehr gute Tonqualität.»
bildhafte Beschreibung:	«Die optionale PowerSound-Anlage bringt Ihnen ein Musikerlebnis, als würden Sie sich mitten in einem Konzertsaal befinden.»

Die richtigen Worte und Formulierungen

Je mehr positive Wörter und Wendungen ein Kunde im Gespräch mit dir hört, desto mehr Punkte sammelst du auf der emotionalen Kommunikationsebene. Positive Formulierungen generieren allgemein eine positive Stimmung im Gespräch. Sie wirken wie kleine süsse Aufmerksamkeiten für den Kunden, sozusagen verbale Smarties. Du könntest theoretisch den Inhalt ohne sie rüberbringen. Die Botschaft wäre wahrscheinlich die gleiche, nur nicht gleich schön. Also: Geize nicht mit den Smarties!

Positive Wörter und Wendungen (Smarties):

- ja
- gerne
- exklusiv
- besonders
- einfach
- leicht
- persönlich
- schön
- sicher
- gut
- problemlos
- dürfen
- günstig

- bequem
- schnell
- garantiert
- zufrieden
- sehr
- interessant
- viel Spass
- das erledige ich gerne für Sie
- dabei kann ich Ihnen helfen
- das kann ich gut verstehen
- ich freue mich, dass Sie …
- einen schönen Tag
- vielen Dank

Das positivste Wort in den Ohren des Kunden ist übrigens sein eigener Name. Sprich den Kunden deshalb während des Gesprächs immer wieder einmal mit seinem Namen an. Insbesondere bei der Begrüssung und Verabschiedung darf die persönliche Ansprache mit dem Namen nicht fehlen.

Aus diesem Grund empfiehlt es sich bei eingehenden Telefonaten, den Namen des Kunden gleich nach der Begrüssung zu notieren. So vergisst du ihn nicht.

Positiv formulieren heisst auch verbindlich formulieren. Folgende Sätze hört der Kunde gern:
- Ich kläre das gerne bis 12.00 Uhr für Sie ab.

- Gerne organisiere ich für Sie die Tickets in den vorderen Rängen.
- Ihr elektronischer Anrufbeantworter wird innerhalb der nächsten zwei Stunden für Sie aufgeschaltet.
- Das mache ich gerne für Sie. Sie erhalten die Information bis …
- Ich helfe Ihnen gerne und löse den Auftrag sofort für Sie aus.
- Ich werde dafür sorgen, dass Sie bis Freitag Ihre Ware erhalten.
- Ich leite Ihr Anliegen mit einer Telefonnotiz an meine Kollegin Sandra Graber weiter. Sie wird Sie spätestens morgen zurückrufen.

Zur Verbindlichkeit gehört auch, nicht im **Konjunktiv** zu sprechen. «Ich würde Ihnen die Unterlagen dann zuschicken» klingt viel weniger verbindlich als «Ich schicke Ihnen die Unterlagen gerne zu». Der Konjunktiv ist nicht höflicher – wie oft fälschlicherweise angenommen wird. Er ist nur unverbindlicher und lässt dich zudem unsicher wirken. Höflichkeit bringst du durch deine freundliche Stimme und den Einsatz der Smarties zum Ausdruck.

Für die überzeugende Sprache gilt: Konjunktive vermeiden!

Negative Wörter und Wendungen

Du hast oben eine Liste mit positiven Wörtern und Wendungen gesehen. Jetzt gilt es, die negativen Wörter und Wendungen aus deinem Wortschatz zu streichen. Dies sind zum Beispiel:

- müssen
- Sie müssen bedenken …
- riskant
- Problem
- Gefahr
- Kosten
- verboten
- schwierig
- leider
- auf keinen Fall
- das geht nicht
- das dauert aber drei Wochen
- das kann ich nicht selbst
- verstehe ich nicht
- unmöglich
- teuer
- trotz
- trotzdem
- aber
- kompliziert
- gefährlich
- Verpflichtung
- dafür bin ich nicht zuständig
- wir haben ein Problem
- ich muss das überprüfen
- vielleicht

- da müssen Sie noch etwas warten
- weiss ich nicht
- ich kann nichts dazu sagen
- ist mir nicht bekannt
- darf ich Sie kurz unter brechen?

- ich muss Sie verbinden
- ist das wirklich wahr?
- glauben Sie das wirklich?
- sind Sie sicher?
- das kann nicht sein
- das kann ich mir nicht vorstellen

Sehen wir uns zwei Beispiele an, wie du einen häufig verwendeten negativen Satz zu einer positiven Formulierung machen kannst.

1. Beispiel:
Negativ: «Das kann ich heute morgen leider nicht mehr machen.»
Positiv: «Frau Burmeister, das werde ich heute Nachmittag gleich als Erstes für Sie erledigen.»

2. Beispiel:
Negativ: «Das liegt nicht in meinem Kompetenzbereich.»
Positiv: «Herr Gerster, für Ihr Anliegen ist unser Experte Markus Spielmann der richtige Ansprechpartner. Ich werde ihn informieren, und er wird Sie noch heute zurückrufen.»

Wenn du den Kunden in der Leitung warten lassen musst

Hin und wieder wird es vorkommen, dass du eine Frage des Kunden nicht direkt beantworten kannst. Du brauchst möglicherweise den Expertenrat eines Kollegen oder musst erst im System auf die Suche nach den richtigen Informationen gehen.

In dieser Situation kann es sein, dass du den Anruf auf «halten» setzt und den Kunden somit in der Leitung warten lässt, ohne dass er dein Gespräch mit dem Kollegen mithören kann. Stattdessen wird er in der Regel mit der Warteschleifenmusik deines Unternehmens beglückt.

Wichtig ist, dass du den Kunden nicht einfach mit einem kurzen «Moment, bitte» in die Warteschleife schickst. Das kommt nicht gut an. Deklariere stattdessen, dass und warum du ihn kurz in der Leitung warten lässt. Das kann so klingen: «Herr Bischof, das kläre ich gern bei meiner Kollegin für Sie ab. Ich lasse Sie einen Moment in der Leitung und bin gleich wieder bei Ihnen.»

Wenn du deinen Gesprächspartner dann wieder in deine Leitung zurückholst, mit welchen Worten sprichst du ihn an?

«Sind Sie noch da?»

Diese Formulierung hast du sicher schon oft gehört. Sie gibt dem Anrufer das Gefühl, dass du selbst schon gar nicht mehr daran geglaubt hast, dass er die Geduld hatte, so lange zu warten. Oder dass es dich erstaunt, dass die Wunder der Technik tatsächlich funktionieren und die Leitung noch nicht unterbrochen wurde. Wie auch immer, nett klingt «Sind Sie noch da?» nicht. Ebenso wenig wie «Hören Sie?».

Hier kommt die viel bessere Alternative (die im Übrigen bei professionellen Mitarbeitern längst zum Standard gehört):

«Danke fürs Warten, Frau Frankenthal.»

Eine ebenfalls sehr schöne Variante ist:

«Danke für Ihre Geduld, Herr Hoffmann.»

Noch eine Ergänzung zu diesem Thema, die unter «kundenorientiertes Verhalten» fällt: Benutze die Halte-Funktion so selten wie möglich. Niemand hängt gern in der Warteschleife. Kein Wunder! Im Prinzip ist es, als würde dir jemand einen Knebel verpassen (der Kunde hat jetzt ja keine Chance mehr, mit dir zu sprechen). Dann musst du noch Musik hören, die du nicht selbst ausgesucht hast – und die oft genug in der Tonqualität nicht besonders überzeugt. Und du hast keine Ahnung, wie lange du in der Leitung warten musst (das Gefühl, im wahrsten Sinne des Wortes «hängen gelassen» zu werden schleicht sich in dieser Situation schnell ein).

Wann immer möglich ist es besser, mit dem Kunden im Dialog zu bleiben, während du nach Informationen im System suchst. Erklär ihm Schritt für Schritt, was du gerade tust. Das vertreibt ihm die Zeit und gibt ihm das gute Gefühl, dass du für ihn am Ball bist.

Wenn die Abklärung länger dauert, bietest du ihm am besten einen Rückruf an. Das spart dem Kunden Zeit und gibt dir den Freiraum, in Ruhe alles Notwendige herauszufinden. Wenn der Rückruf nicht durch dich selbst erfolgt, sondern durch einen Kollegen, bedarf es einer klaren Telefonnotiz von dir mit Kundenname, Telefonnummer, Erreichbarkeit und Informationen zum Anliegen.

Aufbau der Begrüssungssequenz

Nun haben wir sehr viele Punkte besprochen, die deinen Erfolg am Telefon ausmachen, Kevin. Sie gelten für das ganze Telefongespräch.

Lass uns jetzt noch unser besonderes Augenmerk auf eine der wichtigsten Phasen im telefonischen Kundenkontakt werfen: die Begrüssungssequenz. Du wirst gleich sehen, wie dort die besprochenen Erfolgsfaktoren ins Spiel kommen.

Das Telefon als Visitenkarte des Unternehmens
➡ Kapitel 1
S. 27

Die Anmeldung am Telefon ist das Erste, was der Kunde von dir vernimmt. Für diesen entscheidenden ersten Eindruck hast du keine zweite Chance!

Es ist nicht nur der Eindruck, den der Kunde von dir persönlich gewinnt, sondern er prägt auch seine Meinung über das Unternehmen. Wie zu Beginn dieses Handbuchs formuliert: Du bist die Visitenkarte des Unternehmens!

Wie muss die Begrüssungssequenz aufgebaut sein?

Eingehende Telefonate (Inbound)

Schauen wir uns zuerst den Fall des InboundCalls an, d.h., der Kunde ruft bei dir an. Dort klingt die professionelle Anmeldung folgendermassen:

Ziel der professionellen Begrüssungssequenz ist, dass der Kunde sofort weiss, bei wem er gelandet ist und dass er von dieser Person den bestmöglichen Eindruck bekommt. Gehen wir die vier Bausteine der obigen Grafik nacheinander durch, um zu sehen, welche Rolle sie beim Erreichen dieses Ziels spielen.

1. Die Pause zu Beginn

Versetz dich in den anrufenden Kunden. Er wählt eine Nummer und dann hört er, wie es am anderen Ende der Leitung klingelt. Er ist in Wartestellung. Und wie unser menschliches Gehirn es so an sich hat, beschäftigt es sich beim Warten schnell mit etwas anderem. Mit dem bevorstehenden Meeting, der Abendplanung, dem Einkaufszettel oder sonst irgendetwas. Hoppla, plötzlich nimmt jemand ab. In dem Bruchteil einer Sekunde, den das Gehirn des Anrufers benötigt, das zu bemerken, ist die Nennung des Firmennamens meist schon über die Bühne. Beim Kunden schleicht sich die leichte Ungewissheit ein: Bin ich tatsächlich dort gelandet, wo ich hinwollte?

Das ist der Grund, warum du nach der Entgegennahme des Anrufs eine ganz kurze Pause machen solltest, bevor du loslegst. Hol einfach noch einmal Luft und beginn erst dann zu sprechen. So erhöhst du die Chance, dass das Gehirn deines Gesprächspartners tatsächlich schon in Hörbereitschaft ist und deine Botschaft ankommt.

2. Die Nennung der Firma

Der Name des Unternehmens ist die erste wichtige Information für den Kunden. Natürlich weiss er, wo er anrufen wollte. Aber denk mal daran, wie oft du dich schon verwählt hast, Kevin. Es gibt dem Kunden einfach ein besseres Gefühl, wenn er hört, dass er tatsächlich die richtige Nummer gewählt hat.

3. Die «Brücke»: Mein Name ist …

Die zweite wichtige Information für den Kunden ist, mit wem er es zu tun hat. Wenn die beiden Informationen Firma und Name der Person am Apparat zu schnell hintereinander kommen, ist die Gefahr gross, dass der Anrufer nicht beides hundertprozentig versteht. Deshalb baust du zwischen den beiden Informationen eine kleine sprachliche Brücke ein. Die professionellste Formulierung lautet: «Mein Name ist …»

4. Dein Vor- und Nachname

Warum du deinen Vornamen auch nennen sollst? Ganz einfach, das gibt dem Gespräch von Anfang an eine persönliche Note. Das ist eine Tatsache, die entsprechende Studien belegt haben. Empfindest du eine gewisse Hemmung, deinen Vornamen preiszugeben? Denkst du vielleicht sogar im ersten Moment: «Der Kunde braucht meinen Vornamen nicht zu wissen»? Dann überleg dir mal, wie es wäre, wenn der Kunde genauso denken würde. Du erwartest selbstverständlich, dass er dir seinen Vornamen angibt. Du brauchst diese Informationen, um sie ins System einzugeben, damit die Adresse vollständig ist. Ist doch logisch. Genau. Und genauso logisch ist es, dass du dich mit deinem Vornamen und Namen anmeldest. Einverstanden?

Für die gesamte Begrüssungssequenz ist wichtig, dass du nicht zu schnell sprichst. Das ist leicht passiert, denn die Anmeldung ist das, was sich für dich selbst immer wiederholt. Du kennst sie in- und auswendig. Aus diesem Grund besteht die Gefahr, diesen ersten Satz immer schneller «herunterzurattern». Und je schneller du sprichst, desto weniger versteht dein Gesprächspartner, was du sagst. Das gibt ihm kein gutes Gefühl.

Als Faustregel kannst du dir merken: Die Anmeldung sollte nur ein Drittel deiner normalen Sprechgeschwindigkeit haben. Denk einfach an ein grosses «Tempo 30»-Schild, bevor du das Telefon abnimmst.

Ausgehende Telefonate (Outbound)

Wie sieht die Anmeldung beim Outbound aus, also wenn du den Kunden anrufst?

Ein Unterschied ist hier, dass der Kunde in dem Moment, in dem er den Anruf entgegennimmt, mit seiner Aufmerksamkeit in der Regel bereits bei dir ist. Er meldet sich mit seinem Namen, und dann bist du dran. Jetzt empfiehlt sich folgende Reihenfolge:

Begrüssung: Hier ist *Vorname, Nachname* von *Firma*.

Zum Beispiel: «Guten Tag Herr Müller, hier ist Kevin Schuler von Adventure Reisen.»

Es ist selbstverständlich auch möglich, den gleichen Aufbau wie bei eingehenden Telefonaten zu wählen. Entscheidend für dich ist, wie die gemeinsame Regel in deinem Unternehmen ist. Professionell gegenüber den Kunden ist, wenn sich jeder Mitarbeiter gleich anmeldet.

Wie hört man ein Lächeln?

Bisher haben wir uns Struktur und Wortwahl der Begrüssungssequenz angeschaut. Damit du wirklich einen guten Einstieg hast, kommt es jetzt noch auf den richtigen Einsatz der Stimme an. Melde dich freundlich und engagiert an. Der Kunde soll hören, dass du dich auf den telefonischen Kontakt mit ihm gefreut hast. Lächle! Der Kunde hört das Lächeln, auch wenn er es nicht sehen kann. Wenn du lächelst, klingt deine Stimme am Ende des Satzes automatisch etwas höher. Das signalisiert, dass du dich auf das, was jetzt kommt, freust. Klingt deine Stimme am Ende des Satzes dagegen tiefer, wirkst du bestenfalls neutral, oft sogar unmotiviert.

Das Lächeln, das du aussendest, kehrt zu dir zurück.
Indisches Sprichwort

Beherzige immer, was du oben von Angi im Text «Wie unsere Mimik unsere Gefühle beeinflusst» gelernt hast.

Kevins Lerntagebuch:

- *Meine Stimme ist das Instrument, mit dem ich meine Gesprächspartner begeistern und überzeugen kann.*
- *Meine Stimme ist das Spiegelbild meiner inneren Haltung gegenüber dem Gesprächspartner – und die ist grundsätzlich positiv.*
- *Klare Struktur, kurze Sätze, kein Fachjargon: So versteht mich der Kunde am besten.*
- *Höflichkeit drückt sich durch meine Haltung und nicht durch den Konjunktiv aus.*
- *Kleine Nettigkeiten versüssen den Alltag. Am Telefon sind das die positiven Wörter und Formulierungen (Smarties).*
- *Die Haltefunktion nutze ich so wenig wie möglich. Ich rede mit dem Kunden, während ich etwas im System nachschaue, oder biete ihm einen Rückruf an.*
- *Im Auto fahre ich am liebsten auf der Autobahn. Aber bei der Begrüssungssequenz muss ich mein Tempo zügeln, ich biege in die Tempo-30-Zone ein. Dann hat der Kunde eine Chance, mich zu verstehen. Das leuchtet ein!*
- *Der Kunde hört mein Lächeln am Telefon, auch wenn er es nicht sehen kann.*

Was sind meine persönlichen Erkenntnisse zum Kapitel?

Was konkret setze ich bis wann um?

Kapitel 2 – Die zweite Woche

In der zweiten Woche geht es für Kevin richtig los. Seine Arbeit mit den Kunden beginnt. Vor dem ersten «echten» Call hat er ganz schön Lampenfieber. Vor Nervosität klopft ihm das Herz bis zum Hals.

Jetzt kann er endlich anwenden, was er gelernt hat. Er merkt schnell, dass es nicht ganz einfach ist, an alles zu denken. Auch die Vorarbeit will geleistet sein: Ein ordentlich eingerichteter Arbeitsplatz erleichtert das Wirken erheblich.

Kevin geht hoch motiviert an die Sache heran. Doch mit der Zeit setzt ihm der dauernde Hochdruck ganz schön zu. Er muss sich noch stark auf die ungewohnten Computersysteme konzentrieren, fühlt sich fachlich noch nicht bei allen Kundenanfragen ganz sicher und der Geräuschpegel im Grossraumbüro macht es ihm schwer, sich zu konzentrieren. Kevin rutscht plötzlich in sein erstes Motivationstief. Er fühlt sich gestresst.

Er hat das Wochenende dringend nötig. Da verschafft er sich beim Sport einen Ausgleich zu seinem mental fordernden Job. Squash ist dafür ideal. Zudem ist es eine Sportart, die er nicht nur allein, sondern künftig vielleicht zu zweit ausüben könnte …

Das Geheimnis der Motivation
Woher kommt die Freude an der Arbeit?

Hohe Leistungsfähigkeit ohne Stress
Was kann ich dafür tun?

Das Geheimnis der Motivation

Woher kommt die Freude an der Arbeit?

Freude an der Arbeit hat etwas mit deiner Motivation zu tun. Wenn morgens früh der Wecker klingelt, stellst du ihn dann mit einem Lächeln auf dem Gesicht ab und schwingst dich dynamisch aus dem

Bett, weil du dich auf deinen Job freust? Wenn du diese Frage mit einem klaren Ja beantworten kannst, dann gehörst du zu den Glücklichen, die für ihre Arbeit hoch motiviert sind.

Falls dir das Ja nicht so spontan über die Lippen kommt, du eher daran denkst, wie du morgens den Wecker lieber noch dreimal abstellst, und sich beim Gedanken an deinen Arbeitsplatz ein ungutes Gefühl in der Magengrube einstellt: Dann hast du offenbar ein Problem mit deiner Motivation.

Und wer kann das ändern? Wer sorgt für deine Motivation? Die Antwort, Kevin, ist schnell gegeben: Wenn du die Person sehen willst, die dafür verantwortlich ist, dann schau in den Spiegel. Niemand ausser dir selbst kann dich wirklich motivieren.

Kannst du dir vorstellen, dass ein Sportler, der nicht motiviert ist, von aussen motiviert werden kann? Glaubst du, dass ein Spitzensportler, der von sich aus keine Freude mehr am Tennisspiel hat, sich aufgrund eines Motivators zum Sieg spielt? Oder dass eine Pianistin ihr Publikum mit ihrer Musik verzaubern kann, wenn sie sich nicht mit Lust an ihr Klavier setzt? Wohl kaum.

Man muss das Unmögliche versuchen, um das Mögliche zu erreichen.
Hermann Hesse

Schauen wir mal, was unsere Psychologin Angi zu diesem Thema weiss.

Woher kommt die Motivation?

Was du tust, ist entweder aus dir selbst von innen heraus – der Psychologe nennt das intrinsisch – oder von aussen her – extrinsisch – motiviert.

Nehmen wir zum Beispiel deinen Job am Telefon. Wenn der Grund dafür, dass du den ganzen Tag an deinem Arbeitsplatz sitzt und mit Kunden telefonierst, der ist, dass du dafür Geld bekommst – vielleicht sogar einen Extra-Bonus, wenn du deine Ziele übertriffst –, dann ist das ein extrinsischer Motivationsfaktor. Um in diesem Fall das Ziel, also den Bonus, zu erreichen, kommt es im Prinzip nicht darauf an, was genau du tust. Du könntest auch jederzeit einen anderen Job machen, für den du gleich viel Geld bekommst.

Wie sieht es nun aus, wenn du jeden Tag zur Arbeit gehst, weil du dich auf sie freust? Weil du merkst, dass du gut bist, dass du von Kunden und Kollegen geschätzt wirst? Weil du etwas beherrschst, das nicht jeder kann, weil du etwas leistest? Weil du am Abend auf Erfolgserlebnisse zurückblicken kannst, wenn du zum Beispiel einen Kunden zurückgewinnen konntest, oder wenn du einen Kundenwunsch zur vollen Zufriedenheit des Kunden erfüllt hast? Es liegt dir wahrscheinlich schon auf der Zunge: Dann bist du intrinsisch motiviert.

Was ist besser? Du errätst es bestimmt: Die Motivation, die aus dir selbst heraus kommt, führt nicht nur dazu, dass du dich schon morgens auf deinen Arbeitstag freust (und nicht nur wegen Jenny …), sondern auch dazu, dass du insgesamt entspannt und ausgeglichen bist. Das spüren nicht nur deine Kollegen, denen du automatisch ein Lächeln schenkst, und deine Kunden, die deine gut gelaunte Stimme am Telefon hören, sondern auch du selbst spürst es: Denn wenn du diese Motivation mitbringst, dann steckst du die unangenehmen Seiten des Alltags, wie eine Absage oder ein Gespräch mit einem unfreundlichen Mitmenschen, leichter weg.

Mein Tipp: Nimm dir ein Blatt Papier und schreib auf, was dir an deiner Arbeit gefällt, was du gut findest und was du persönlich aus der Arbeit ziehen kannst. Leg dieses Blatt griffbereit auf deinen Nachttisch, so dass du morgens direkt nach dem Aufstehen einen Blick darauf werfen kannst und dir so den richtigen Kick für den bevorstehenden Arbeitstag gibst!

Hast du den Unterschied zwischen der von aussen gesteuerten Motivation und der Kraft, die in der Selbstmotivation liegt, erkannt, Kevin?

Du bist der Manager deiner eigenen Stimmung. Andere können deine Stimmung nicht managen, höchstens negativ oder positiv beeinflussen. Aber letztlich bestimmst du auch selbst, mit wem du zusammensein möchtest. Du entscheidest, wie viele negative Botschaften du durch andere Personen oder die Medien ertragen willst. Du entscheidest, was und wer dich ärgert.

Stell dir vor, du stehst am Montagmorgen auf. Du weisst, heute startet dein Team mit einer grossen, für das Unternehmen wichtigen Promotionsaktion. Du kennst dies bereits aus früheren Aktionen. Rechnerisch werden dir auf 100 Anrufe im Durchschnitt nicht mehr als 8 bis 10 Kunden eine Zusage erteilen. Nun gibt es zwei Arten, wie du dieser Tatsache begegnen kannst.

Gib jedem Tag die Chance, der schönste deines Lebens zu werden.
Mark Twain

Variante 1: Du hörst dir am frühen Morgen schon die Nachrichten mit all den negativen Berichten an, die dir den ganzen Tag nachgehen werden. Denkst schon beim Zähneputzen: Oje, die kommende Aktion wird wieder anstrengend. Und dann die vielen Absagen … Was tue ich mir da eigentlich an?

Oder Variante 2: Du stehst am Morgen etwas früher auf und stimmst dich mit einer kurzen sportlichen Einlage auf den Tag ein. Du denkst: Auf geht's, wieder eine Herausforderung. Schlimmeres als ein Nein des Kunden kann ja nicht kommen. Und über jedes Ja kann ich mich freuen!

Na, Kevin, was denkst du? Welche Denkweise wird dir wohl besser bekommen? Mit welcher Einstellung wirst du einen zufriedenen Tag verbringen und wie wird wohl dein Abend aussehen? Welche Ausstrahlung wirst du wohl auf deine Umgebung, auch auf Jenny haben?

Deine Motivation ist die Basis für deinen Erfolg bei der Arbeit. Und Erfolg ist wiederum eine der besten Vitaminspritzen für deine Motivation.

Was brauchst du ausserdem, um erfolgreich zu sein? Die Grafik bringt es auf einen Nenner: Du brauchst den Willen, immer wieder hohe Leistung zu erbringen. Du musst deine Ziele mit Fleiss und einem hohen Mass an Disziplin angehen.

Als BestCaller entwickelst du eine innere sportliche Siegerhaltung. Du begegnest anderen Menschen – egal ob es deine Kunden am Telefon sind oder deine Kollegen am Arbeitsplatz – mit einer offenen, positiven Haltung. Es gehört dazu, dass du gerne kommunizierst und gerne zuhörst und somit fähig bist, mit deinen Gesprächspartnern echte Dialoge zu führen.

Als BestCaller denkst und handelst du lösungsorientiert, statt problemorientiert, und fasst Zurückweisungen, Absagen, Einwände und Reklamationen als Informationen auf, die dich weiterbringen.

Na, wo stehen wir nun, Kevin? Möchtest du immer noch motiviert werden? Oder kannst du selbst für deine Motivation sorgen?

Hier noch ein paar Tipps dazu. Sorge dafür, dass …
- du dir immer wieder selbst Ziele setzt, die höher liegen als die, die du mit deiner Vorgesetzten vereinbart hast,
- du deine Ziele erreichst, indem du dich mit aller Kraft einbringst,
- du hinterfragst, ob du auf dem richtigen Weg bist, das zu werden, was du dir vorgenommen hast zu sein,
- du dich nicht den Nörglern anschliesst, sondern denen, die vorwiegend eine positive Geisteshaltung mitbringen,
- du dir immer wieder überlegst: Muss ich diese negativen Botschaften meiner Umgebung und der Medien über mich ergehen lassen?,

- dein Glas nicht halb leer, sondern immer halb voll ist,
- du dir immer wieder bewusst wirst, dass es dir besser geht als der grossen Mehrheit auf diesem Planeten,
- du bewusst in der Gegenwart lebst statt in der Vergangenheit oder in der Zukunft.

Kevin, vergiss nie: Du gestaltest deine Umgebung mit. Du bist ein Teil von ihr. Ob passiv, nur ein bisschen aktiv oder sehr aktiv, das liegt bei dir.

Du bist der Manager deiner eigenen Stimmung!

Kevins Lerntagebuch:

* Derjenige, der mich am besten motivieren kann, bin ich selbst.
* Anreize von aussen können nur kurzfristig motivieren. Wirkliche Motivationsspritzen kommen aus meinem Innern.
* Ich wähle meine Einstellung jeden Tag aufs Neue selbst: Konzentriere ich mich auf die negativen Erlebnisse oder auf die Erfolgserlebnisse? Entscheide ich mich für Letzteres, habe ich mit Sicherheit mehr Spass an der Arbeit.
* Wenn ich daran denke, mit wie viel Disziplin ich mich auf die Laaxer Snowboard-Halfpipe-Meisterschaft vorbereitet habe! Mit wie viel Fleiss ich trainiert habe! Ich hatte einfach den absoluten Willen, aufs Podest zu kommen! Diese drei positiven Eigenschaften muss ich jetzt einfach auch mit in den Job nehmen – dann bin ich auch da erfolgreich.

Hohe Leistungsfähigkeit ohne Stress

Was kann ich dafür tun?

Im täglichen Leben, beruflich und privat, bringst du Leistung. Und zwar physische, also körperliche und psychische, also seelische. Letztere wiederum können wir unterteilen in geistige Leistung – der Psychologe nennt das kognitive Leistung – und emotionale, also gefühlsmässige Leistung. Zu jeder dieser Leistungsarten gehört eine Belastungsart, was bedeutet, dass du nach einer körperlichen Anstrengung, z.B. nach einem Sprint von deiner Haustüre zur Bushaltestelle, körperlich erschöpft bist. Wenn du dagegen stundenlang Kopfrechenaufgaben löst, belastet dich das geistig (kognitiv).

In deinem Berufsleben bist du hauptsächlich kognitiver Belastung ausgesetzt. Du musst dich den ganzen Tag alle paar Minuten auf einen neuen Kunden am anderen Ende der Telefonleitung einstellen. Du musst dich voll konzentrieren, um ein gutes Telefonat zu führen. Dein Körper hat dabei relativ wenig zu tun, da du die meiste Zeit auf einem Stuhl sitzt oder am Tisch stehst und dazwischen nur wenige Schritte gehst.

Deshalb sieht dein Job auf den ersten Blick gar nicht so anstrengend aus. Und doch: Auch wenn du nicht körperlich hart arbeitest wie beispielsweise ein Bauarbeiter, leistest du auf deine Art Schwerstarbeit. Dein Gehirn ist nonstop gefordert. Wie im Kapitel 1 aufgezeigt, bist du die Visitenkarte des Unternehmens. Der Kunde ist auf dich mit deiner freundlichen Art, ihm schnell eine Lösung anzubieten, angewiesen.

Das Telefon – mein Instrument → Kapitel 1 S. 26

Damit du diese fordernde Aufgabe viele Stunden am Tag kontinuierlich auf hohem Niveau erfüllen kannst, sind einige Punkte zu beachten:
1. Wie sieht die optimale Arbeitsplatzgestaltung aus?
2. Wie sorgst du rechtzeitig und ausreichend für Erholungsphasen?
3. Wie gehst du mit Stress um?

Auf diese drei Fragen bekommst du auf den folgenden Seiten Antworten.

Arbeitsplatzgestaltung (Ergonomie)

Dein Arbeitsplatz ist in der Regel fertig eingerichtet: Tisch, Stuhl, PC mit entsprechenden Programmen, Telefonapparat, Infomaterial usw.

Neben all den technischen Voraussetzungen liegt es an dir, ob du dich wohlfühlst und dich praktisch einrichtest. Nichts ist mühsamer, als ständig den Kugelschreiber auf der falschen Seite zu suchen oder wenn der Papierkorb dort steht, wo du ihn nicht erreichen kannst. Um das Leben angenehmer, gesünder und im Hinblick auf die Arbeit effektiver zu gestalten, findest du hier eine Ergonomie-Checkliste:

Sitzposition:
• Sitzhöhe so, dass Arme und Beine im rechten Winkel sind
• ganze Sitzfläche nutzen, Rücken an Lehne
• aufrechte Sitzhaltung
• Rückenlehne auf «dynamisches Sitzen» stellen, damit sie für Rückenbewegungen flexibel bleibt
• zwischendurch Fussstützen und Handballenauflagen nutzen
• hin und wieder die Sitzposition ändern oder aufstehen

Bildschirmeinstellungen:
• der Bildschirm steht gerade vor dir, so dass du nicht den Kopf drehen musst, um hineinzuschauen
• der Bildschirm steht senkrecht oder allenfalls leicht nach hinten geneigt
• der obere Rand des Bildschirms liegt auf oder leicht unter der Augenhöhe
• Sehdistanz rund 60 bis 80 cm
• auch bei ausgeschaltetem Bildschirm keine spiegelnden Lichtquellen (Fenster, Lampen usw.)
• Kontrast, Zeichenhelligkeit und -grösse optimal eingestellt
• gereinigter Bildschirm

- keine leeren Randzonen auf dem Bildschirm (d. h., die Arbeitsfläche wird optimal ausgenützt)

Kurze Griffdistanzen:
- Arbeit mit Headset (natürliche Kopfhaltung, beide Hände sind frei für die Arbeit an der Tastatur)
- Sichtmappen-Steller in gleicher Entfernung wie Bildschirm
- direkter Zugriff auf Schreibmaterial (Notizblock, Kugelschreiber), für Rechtshänder auf der rechten Seite, für Linkshänder auf der linken
- Ablage auf dem Schreibtisch oder in Schubladen ist so gut organisiert, dass du auf einen Griff findest, was du suchst

Noch ein Wort zum Geräuschpegel

Trotz geräuschdämmender Zwischenwände ist der Lärmpegel in einem Raum, in dem mehrere Menschen telefonieren, in der Regel recht hoch. Je lauter es ist, desto schwerer fällt es dir und deinen Kollegen, sich auf die Arbeit und die Kunden zu konzentrieren.

Du kannst einen positiven Beitrag leisten, indem du darauf achtest, nicht zu laut zu sprechen. Sorge dafür, dass sich das Mikrofon direkt vor deinem Mund befindet. So hört dich dein Kunde am anderen Ende der Leitung immer noch sehr gut, auch wenn du leiser sprichst als im normalen Gespräch. Damit vermeidest du, dass dich die Kunden deiner Kollegen an den anderen Telefonen hören.

Und noch etwas: Ein Radio im Büro kann zwar nett für die Arbeitsatmosphäre sein, trägt aber ebenfalls zu einem höheren Geräuschpegel bei. Wo mehrere Menschen im gleichen Raum telefonieren, gilt deshalb: Lieber auf Hintergrundmusik verzichten!

Erholungsphasen für Körper und Geist

Vorbeugen ist besser als heilen. Du brauchst in deinem Arbeitsalltag regelmässige, kurze Erholungsphasen, um eine hohe Arbeitsqualität aufrechterhalten zu können. Warte nicht, bis dein «Akku» völlig leer ist. Warte nicht, bis du so müde bist, dass du dich kaum noch aufraffen kannst, über-

> Drei Dinge helfen, die Mühseligkeiten des Lebens zu tragen: Die Hoffnung, der Schlaf und das Lachen.
> *Immanuel Kant*

haupt irgendetwas zu tun. Warte nicht, bis du dich völlig gestresst fühlst und deine schlechte Laune den Kunden, Kollegen und dir selbst den Tag zu verderben droht.

Körper, Geist und Seele brauchen Ausgleich, und alle drei wollen «zum Zug kommen». Ihnen allen solltest du zumindest einmal am Tag bewusst etwas Gutes tun. Der Geist, also dein Denkapparat, kommt in der Regel nicht zu kurz – den braucht man vor allem bei der Arbeit. Wie ist es mit der Seele? Was hast du heute getan, das dir einfach Spass gemacht hat – ohne Rechenschaft darüber abzulegen, was es bringt? Was hast du heute für deinen Körper getan?

Erholung durch Bewegung

Deine Arbeit am Telefon ermüdet vor allem dein Gehirn. Dein Körper, die Muskeln werden dagegen kaum beansprucht. So kann es vorkommen, dass du dich am Abend schlapp fühlst, dich aber trotzdem stundenlang im Bett herumwälzt und nicht einschlafen kannst. Du bist nicht in der Balance. Was kannst du dagegen tun? Die Antwort ist ganz einfach: Treibe Sport. So gibst du deinen Muskeln etwas zu tun und verschaffst deinem Gehirn eine Ruhepause – und übrigens auch deinen Augen, für die es sehr anstrengend ist, stundenlang auf einen Bildschirm zu schauen. Das bringt dich wieder in die Balance und ermöglicht dir die Entspannung, die du brauchst, um am nächsten Tag wieder voll einsatzfähig zu sein.

Du brauchst aber nicht auf den Feierabend zu warten, um deinem Körper etwas Gutes zu tun. Du kannst zum Beispiel die Mittagspause für eine Runde Joggen, Walken oder einfach einen zügigen Spaziergang an der frischen Luft nutzen.

Am besten nimmst du dir alle zwei bis vier Stunden fünf Minuten Zeit für einfache Bewegungsübungen. Physiotherapeuten und Chiropraktoren empfehlen folgende Übungen:

1. Übung für die Nackenmuskulatur:
Steh aufrecht mit geradem Kopf und Rücken. Beweg den Kopf langsam mit dem Kinn in Richtung Brust, so dass du ein Ziehen – aber keinen Schmerz! – in der Nackenmuskulatur spürst. Dann richte den Kopf langsam wieder auf. Wiederhol diese Übung 6–10 Mal.

2. Übung für die Nackenmuskulatur:
Bleib in der gleichen Position wie bei der vorausgegangen Übung.
Kopf gerade halten. Jetzt kippst du den Kopf seitlich mit dem Ohr
in Richtung Schulter. Erst auf die rechte Seite, dann auf die linke.
Wiederhol diese Übung 6–10 Mal.

3. Übung für die Nackenmuskulatur:
Steh aufrecht mit geradem Kopf und Rücken.
Beug den Kopf nach vorn, mit dem Kinn in
Richtung Brust. Dreh von dieser Ausgangs-
position aus den Kopf so, dass das Kinn einen
Bogen zur rechten Schulter beschreibt, dann
zur linken. Wiederhol diese Übung 6–10
Mal.

**4. Übung für die Schulter- und Rückenmus-
kulatur:**
Steh aufrecht mit geradem Kopf und Rücken.
Lass die Arme locker hängen und kreise mit
der Schulter von vorne nach hinten. Wiederhol diese Übung zuerst mit der rechten, dann
mit der linken Schulter 6–10 Mal.

5. Beckenboden-Übung:
Setz dich aufrecht mit geradem Rücken auf
die Vorderkante deines Stuhls. Stell die Füsse
hüftbreit nebeneinander auf den Boden.
Drück nun zuerst die Fussballen auf den Boden, dann die Fersen. Du spürst dabei, wie
sich deine Beckenbodenmuskulatur an- und
entspannt. Wiederhol diese Übung 6–10
Mal.

Sauerstoffzufuhr

Bei geistiger Beanspruchung braucht der Körper besonders viel Sau-
erstoff. Dieser ist für deinen Körper wie das Benzin für dein Auto.
In der Luft, die wir normalerweise einatmen, sind nur 21 Prozent
Sauerstoff enthalten. Der grösste Anteil, 78 Prozent, ist Stickstoff,

ein Prozent sind Edelgase und Kohlendioxid. Das heisst für dich: Sorge dafür, dass du oft genug das Fenster öffnest, um Frischluft hereinzulassen. Auch wenn du zwischendurch ein paarmal tief durchatmest, fördert das die Sauerstoffzufuhr – allerdings nur, wenn du frische Luft einatmen kannst. Die Raucherecke ist dafür kein guter Platz.

Flüssigkeitsaufnahme

Der menschliche Körper besteht zu ca. 60 Prozent aus Wasser. Wasser ist neben Sauerstoff der zweite essenzielle «Treibstoff» deines Körpers. Wenn dein Körper zu wenig Flüssigkeit bekommt, kann er nicht mehr richtig funktionieren. Deine Leistungsfähigkeit sinkt drastisch. Versorg deinen Körper deshalb kontinuierlich mit Wasser. Trink nicht erst, wenn du Durst hast. Durst ist bereits ein Warnsignal, dass dein Körper zu wenig Flüssigkeit aufgenommen hat. Deine Leistungsfähigkeit ist zu diesem Zeitpunkt also bereits gesunken.

Als Faustregel für die Flüssigkeitsmenge gilt: Der tägliche Flüssigkeitsbedarf entspricht dem Körpergewicht in Kilogramm mal 40 Milliliter. Das heisst, wenn du 65 Kilogramm wiegst, benötigst du 2,6 Liter Flüssigkeit pro Tag. Natürlich erhöht sich diese Menge bei Hitze, trockener Luft und körperlicher Anstrengung. Auch wenn du dich in klimatisierten Räumen aufhältst, solltest du mehr trinken.

Sinnvolle Pausengestaltung

Wichtig ist, dass du regelmässig kurze Pausen machst, und zwar sinnvolle. Was sinnvolle Pausen sind? Die Grundregeln sind leicht zu merken:

1. Die ersten Pausenanteile haben den höchsten Erholungswert. Kurzpausen (ca. 5 Minuten) sind also am effektivsten.
2. Je länger du arbeitest, desto öfter solltest du eine Kurzpause einlegen.
3. Die Häufigkeit der Pausen richtet sich danach, wie anstrengend deine Arbeit ist.
4. Pausen sollen nicht mit Nebenarbeiten ausgefüllt werden, da dadurch der Erholungswert verlorengeht. Der Begriff «Nebenarbeiten» beinhaltet auch das Essen! Wenn du nur Pause machst, um schnell ein Sandwich zu verschlingen, bist du danach nicht

fitter und leistungsfähiger. Auch die Zigarettenpause hat keinen Erholungswert. Im Gegenteil, durch den Qualm und die Teerablagerungen verengen sich die Gefässe. Das bedeutet, dass die «Strassen», auf denen die roten Blutkörperchen den Sauerstoff durch den Körper transportieren, sich verengen. Dadurch wird die Sauerstoffzufuhr behindert.

5. Pausen sollen vorbeugend (präventiv) gemacht werden. Das heisst, nicht erst, wenn du dich bereits müde und erschöpft fühlst. Dann ist es nämlich schon zu spät, um dich überhaupt noch richtig erholen zu können.

6. Geniess deine (Kurz-)Pausen. *Feiere* die Leistung, die du vollbracht hast – und sei es nur mit einem bildlichen Schulterklopfen oder einem Schokoriegel. Du hast es verdient!

Berücksichtigung der Leistungskurve

Wir Menschen sind nicht den ganzen Tag über gleich leistungsfähig. Wir haben unsere Höhen und Tiefen. Das hast du sicher schon bei dir selbst bemerkt. Manche Arbeiten fallen dir am Morgen nach dem Aufstehen viel leichter als am Nachmittag direkt nach dem Essen. Oder gehörst du zu den Morgenmuffeln, die nach dem Aufstehen zuerst einmal eine längere Anlaufphase brauchen? Läufst du erst am Nachmittag so richtig zu Hochform auf und kannst dafür bis in die Nacht hinein arbeiten?

Es gibt solche individuellen Unterschiede. Die in wissenschaftlichen Studien erforschte durchschnittliche Leistungskurve des Menschen siehst du auf der Seite.

Vergleiche diese Kurve einmal mit deinem Tagesrhythmus. Wenn du möchtest, kannst du deine persönliche Leistungskurve mit einem farbigen Stift in die Grafik einzeichnen.

Was bringt es dir, deine Leistungskurve zu kennen? Ganz einfach: Du kannst deine persönliche Leistungsfähigkeit bei deiner Tagesplanung berücksichtigen. Du kannst dir zum Beispiel anspruchsvolle Kundenrückrufe für die Zeit deines persönlichen Hochs vornehmen.

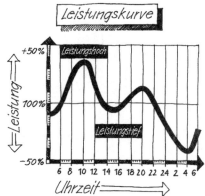

Natürlich bedingt das einen gewissen Spielraum in deinem Arbeitsalltag. Wenn du an der Hotline sitzt und acht Stunden lang ein Anrufer nach dem anderen durchgestellt wird, kannst du dir nicht aussuchen, wann du die anspruchsvollen Kunden am Draht haben möchtest. Du kannst auch nicht am Nachmittag zu einem Kunden sagen: «Tut mir leid, dass ich nicht so konzentriert bin, ich habe gerade mein Tief.» Aber wenn du dir bewusst bist, dass du am Tag verschiedene Phasen durchläufst, kannst du umso mehr darauf achten, deine Stimme und deinen Tonfall konstant freundlich zu halten.

Wenn du diese Hinweise im Kopf behältst, kommst du gut durch deinen Arbeitstag, Kevin!

Umgang mit Stress

Der Job am Telefon ist spannend, weil man nie weiss, was einen als Nächstes erwartet. Diese Spannung macht Arbeitstage sehr kurzweilig. Andererseits kostet gerade diese Spannung und auch die Bearbeitung von schwierigen Kundensituationen Energie. Wenn du mehr Energie verbrauchst, als du regelmässig wieder auftanken kannst, bist du im Stress.

«Mann, war das heute ein stressiger Tag!» «Puh, ich fühle mich im Moment total gestresst!» Wie häufig hast du das schon um dich herum gehört? Oder sogar selbst gesagt? Wahrscheinlich ganz schön oft.

Stress gehört zu unserem Alltag, ist alltäglich im wahrsten Sinne des Wortes.

Wann erwischt dich in deinem Arbeitsalltag der Stress? Zum Beispiel, wenn es in eurem Team zu einem Konflikt zwischen Kollegen kommt. Oder wenn du einen fordernden Kunden am Telefon hast, mit dem das Gespräch immer schwieriger wird. Oder wenn zu viele Aufgaben auf dich zukommen, bei denen du nicht weisst, wie du sie erledigen sollst. Oder wenn es einfach zu heiss, zu laut und zu stickig im Raum ist. Solche Situationen nennt man Stressauslöser, oder kürzer:

Stressoren. Sie lösen ein Stressgefühl aus, das meist nicht mit dem Feierabend verschwindet, sondern das du mit nach Hause nimmst.

Was für uns Stressauslöser sind, ist von Person zu Person und je nach Situation und Umstand unterschiedlich. Manchmal nervt dich schon der tropfende Wasserhahn oder das Stimmengewirr der um dich herum telefonierenden Kollegen. Ein anderes Mal fällt dir diese Geräuschkulisse gar nicht auf. Das hängt davon ab, wie es dir selbst im Moment geht. Je besser und fitter du dich fühlst, desto mehr Reize kannst du verarbeiten und locker hinnehmen. Wenn es dir nicht gut geht, reagierst du empfindlich auf alle Störungen von aussen. Deshalb lassen sich Stress oder Stressauslöser nicht objektiv definieren. Was dich stresst, gilt für dich individuell.

Du hast allerdings vielleicht bemerkt, dass du manchmal Spass daran hast, sehr viel zu tun zu haben, weil du dich gefordert und nicht überfordert fühlst. Bist du auch dann im Stress?

Schauen wir mal, was Angi dazu sagt.

Guter und schlechter Stress

Was ist eigentlich Stress? Meist versteht man darunter eine Reaktion auf eine Situation, die uns auf irgendeine Weise – körperlich, geistig oder emotional – überfordert.

Was läuft in deinem Körper in einer solchen Situation ab? Dein Körper reagiert auf die höhere Belastung, indem er Stresshormone ausschüttet. Das sind chemische Stoffe wie z.B. Adrenalin, die den inneren Energiepegel ansteigen lassen. Dein Herzschlag wird schneller, dein Blutdruck steigt, deine Muskeln spannen sich an: Dein Körper dreht den Power-Regler auf, um mit der Situation umzugehen. Er geht sozusagen in Kampfstellung – oder in Fluchtvorbereitung. Das kommt daher, dass unsere Urahnen, wenn sie als Sammler und Jäger in der Wildnis unterwegs waren und plötzlich einem Löwen gegenüberstanden, blitzschnell entscheiden und alle Energie darauf ausrichten mussten, entweder mit allen Mitteln und aller Kraft zu kämpfen oder in Höchstgeschwindigkeit zu fliehen.

Heutzutage stehen wir zum Glück selten einem leibhaftigen Löwen gegenüber – zumindest nicht ohne schützenden Zaun. Zu den «Löwen» unseres Alltags zählen die Informationsflut, Konflikte mit anderen Menschen, Arbeitsüberlastung, Geldsorgen, Zeitdruck usw. Das Problem mit diesen «Löwen» ist, dass sie sich nur schwer erledigen lassen und es schwierig ist, vor ihnen davonzulaufen. So kann eine Dauerstress-Situation entstehen – und auf die ist unser Körper nicht eingestellt. Er kann die Power, die er hochgefahren hat, nicht über längere Zeit aufrechterhalten. Das hat negative Konsequenzen.

Eine dieser negativen Konsequenzen, die du möglicherweise schon an dir selbst erlebt hast, ist Ärger oder Frustration. Dein Verhalten wird hektisch. Du bist unkonzentriert und machst Fehler. Dein Körper reagiert mit Ermüdung bis hin zur Erschöpfung, mit Schlaflosigkeit oder mit Kopfschmerzen. Auch Rückenbeschwerden sind häufig eine Folge des Stresses, denn durch die Daueranspannung kommt es zu einer chronischen Überanstrengung der Muskulatur.

Aber Stress ist nicht immer negativ. Denk mal daran, wie du deine letzte grosse Party gefeiert hast. Die Vorbereitung und Organisation, die Einkäufe erledigen, noch schnell die Wohnung einigermassen in Ordnung bringen, so dass die Gäste nicht gleich über die alten Pizzaschachteln stolpern ... ganz schön stressig, oder? Aber dabei hast du dich darauf gefreut, mit deinen Freunden einen tollen Abend zu verbringen. Und ein toller Abend ist es geworden! Später, als du hinter dem letzten Gast die Tür geschlossen und dich müde aufs Sofa geworfen hast, mitten im Chaos der schmutzigen Gläser und zerknüllten Papierservietten, fühltest du dich richtig gut.

Gehen wir noch einmal zurück zur Party-Vorbereitung: In dieser Phase hat dich der Stress angetrieben und dich zur Hochform auflaufen lassen.

*Gibt es also «guten» und «schlechten» Stress? Richtig. Die Psychologen haben dafür die Begriffe Eustress (der anregende, **gute** Stress, die Silbe **eu** heisst auf griechisch **gut**) und Disstress (der schädigende, **schlechte** Stress, die Silbe **dis** bedeutet auf **griechisch** schlecht) erfunden.*

*Eustress hast du, wenn dich eine Situation herausfordert, sie aber in deinem persönlichen Machbarkeitsrahmen bleibt. Nach einer solchen Phase fühlst du dich auf angenehme Art müde. Du hast das Gefühl, etwas geleistet zu haben. Das ist ein gutes Gefühl. In einer solchen Eustress-Situation kannst du sogar in einen so guten **Fluss** kommen, dass du fast schon in einen Glücksrausch verfällst und kaum aufhören willst. Dieser Glücksrausch kommt dadurch zu-*

stande, dass in deinem Körper spezielle Hormone ausgeschüttet werden, so genannte Endorphine. Sie haben eine opiumähnliche Wirkung. Das heisst, sie wirken tatsächlich berauschend und ausserdem schmerzlindernd. So kommt es, dass zum Beispiel Langstreckenläufer, wenn sie mal ein paar Tage nicht laufen dürfen, regelrechte Entzugserscheinungen bekommen. Oder denk daran, wie du mit deinem Snowboard den ganzen Tag über mit Spass die Piste hinunterfährst, so dass du am Abend erschöpft, aber glücklich bist.

Disstress haben wir dagegen, wenn uns etwas überfordert, wenn wir nicht mehr wissen, wie wir eine Aufgabe bewältigen sollen. Dann treten mit hoher Wahrscheinlichkeit über kurz oder lang die oben beschriebenen negativen Konsequenzen auf. Disstress kann aber auch entstehen, wenn wir unterfordert sind, wenn wir uns langweilen. Irgendwie unfair, dass es zwei Ursachen für Disstress, aber nur eine für Eustress gibt, oder?

Das soll dich aber nicht erschrecken. Im Folgenden bekommst du ein paar Tipps, was du gegen Disstress tun kannst.

Allerdings ist bei Eustress ebenso zu beachten, dass er dich auf die Dauer ganz schön Kraft kostet. Vergiss also auch in solchen Phasen nicht, etwas für deine Erholung zu tun.

Tipps zum Stressmanagement

Was kannst du konkret in deinem Arbeitsalltag tun, wenn du mit Stressauslösern konfrontiert wirst?

Das Beste ist natürlich, wenn du die Ursache für den Disstress ausschaltest. Oft fängt der Stress ja schon am Morgen auf dem Weg zur Arbeit an. Mit gleich drei roten Ampeln hintereinander hast du einfach nicht gerechnet. Und dann noch die Baustelle, die den Verkehrsfluss ins Stocken bringt. Die war doch gestern noch nicht da. Du kommst auf den letzten Drücker am Arbeitsplatz an, musst schnellschnell deinen Rechner hochfahren und dich bereit machen – puh, kein Wunder, dass du dich da gehetzt fühlst, bevor du richtig losgelegt hast.

Wenn du ein bisschen früher aufstehst und Reservezeit einplanst, kannst du entspannter in den Tag starten. Und wenn du die Extra-Zeit nicht brauchst, gönnst du dir vor dem Arbeitsbeginn noch einen Kaffee.

Nicht jede Stressursache lässt sich so einfach aus der Welt schaffen. Wenn dir zum Beispiel ein anspruchsvoller Kunde am Telefon das Leben schwermacht, ist es keine Lösung, einfach den Hörer aufzulegen! Zumal du dich hinterher nicht wirklich besser fühlen würdest, da dir das Erlebte immer noch nachginge.

Hilfreicher ist es, deine innere Erregung, die in einer stressigen Situation ganz natürlich ist, zu verringern. Entspann dich! Lehn dich zurück, atme drei bis fünf Mal tief durch, befrei deinen Bauch von der alten Luft und schau in die Ferne. Vergiss für einen Moment den Rest der Welt und deine Aufgaben, lass sie vielleicht sogar optisch aus deinem Blickfeld verschwinden.

Eine weitere gute Möglichkeit zum Stressabbau besteht darin, dir über das, was dich stresst, vertieft Gedanken zu machen. Stell dir folgende Fragen: Warum regt mich das so auf? Ist die Aussage des Gegenübers wirklich gegen mich persönlich gerichtet gewesen, oder war er einfach schlecht gelaunt? Was kann ich aus dieser stressigen Situation lernen? Welche positiven Aspekte kann ich daran finden? Ist das wirklich so ein grosses Problem oder gibt es noch grössere?

Wenn du es so betrachtest, sieht die Welt gleich nicht mehr so schwarz aus.

Und wenn es dir mal so richtig stinkt: Mit einem anderen über deinen Ärger sprechen, einfach mal Dampf ablassen kann auch heilsam sein. Nur aufgepasst: Steigert euch nicht gemeinsam in euren Frust, indem ihr euch gegenseitig darin bekräftigt, wie ungerecht die Welt manchmal ist. Denk daran: Dampf ablassen, aber nicht den Kessel aufheizen!

Der Ärger ist als Gewitter, nicht als Dauerregen gedacht. Er soll die Luft reinigen und nicht die Ernte verderben.
Ernst R. Hauschka

So gewappnet kann dich auch der Gedanke an den nächsten herausfordernden Tag nicht schrecken.

Ach ja, und noch was: Dass die Versuche, den Disstress durch Wutausbrüche zu vertreiben oder abends im Alkohol zu ertränken, nicht erfolgreich sind, muss ich dir ja nicht sagen, oder, Kevin?

Kevins Lerntagebuch:

- Da ich mehrheitlich vor meinem Bildschirm sitze, muss ich meinem Körper auch was Gutes tun. Alle paar Stunden fünf Minuten Bewegungsübungen – das muss drinliegen!
- Ob das mal ein Gedanke wert ist: aus der Zigarettenpause eine Sauerstoffpause zu machen ...?
- Stressige Phasen können auch Spass machen. Wie bei der letzten WinBack-Aktion. Ich hätte am Abend locker eine Stunde weitertelefonieren können. Ich habe mich wie auf einer nie endenden Surf-Welle gefühlt!
- Stressfaktoren sind individuell, habe ich von Angi gelernt. Da ist was dran. Wenn Matthias sich wieder mal lautstark über irgendetwas beklagt, nervt mich das wahnsinnig. Jenny dagegen bleibt unbeeindruckt. So betrachtet ist es logisch, dass ich auch selbst dafür verantwortlich bin, etwas gegen meinen Stress zu tun. Künftig werde ich selbst nach Lösungen suchen, um gegen den Stress anzugehen, statt mich durch Nörgelei noch mehr hineinzusteigern.

Was sind meine persönlichen Erkenntnisse zum Kapitel?

Was konkret setze ich bis wann um?

Kapitel 3 – Die dritte Woche

In der dritten Woche muss Kevin unter Beweis stellen, dass er die hohe Schule des professionellen Telefonierens beherrscht: den Umgang mit Reklamationen. Die erste Erfahrung mit einem solchen Fall trifft ihn wie ein Vorschlaghammer. Er hat einen Kunden am Telefon, der so verärgert ist, dass er Kevin in Grund und Boden beschimpft.

Nach diesem Erlebnis sucht Kevin zerknirscht Rat bei Jenny. Wie schafft sie es bloss, sich von schwierigen Situationen und aufgebrachten Kunden nicht einschüchtern zu lassen? Sie meistert solche Herausforderungen bravourös. Das möchte Kevin auch können.

Er lernt von Jenny, dass das Wichtigste ist, ruhig zu bleiben, die richtigen Fragen zu stellen und geduldig zuzuhören. Diese drei Punkte beherzigt Kevin von nun an nicht nur, wenn es um Reklamationen geht.

Das strukturierte Telefongespräch
Wie telefoniere ich effizient?

Fragetechnik
Wie frage ich mich zum Erfolg?

Umgang mit Reklamationen
Wie nutze ich eine Reklamation als Chance?

Umgang mit herausfordernden Kunden
Wie behalte ich meine gute Laune?

Das strukturierte Telefongespräch

Wie telefoniere ich effizient?

Professionell telefonieren bedeutet nicht nur, dem Kunden am Telefon freundlich zu begegnen, sondern auch das Gespräch strukturiert zu führen.

Die Struktur für deine InboundCalls gibt dir der «Werner Berger Telefontrichter für eingehende Telefonate». Bevor wir uns diesen im Detail anschauen, widmen wir uns kurz der Gesprächsvorbereitung. Zusammen mit der Gesprächsnachbereitung komplettiert sie den rundum kompetenten telefonischen Kundenkontakt.

Gesprächsvorbereitung

Bei einem eingehenden Telefonat kannst du im Voraus nicht wissen, was auf dich zukommt. Du weisst nicht, welcher Kunde mit welchem Anliegen anruft. Trotzdem kannst du dich vorbereiten. Dazu gehört, dass du alle notwendigen Computer-Programme gestartet und alle wichtigen Unterlagen (z.B. Argumentarien, Preislisten, Bestellbroschüren) bereithältst. So findest du während des Kundengesprächs schnell alle Informationen, die du zur Beantwortung der Anfrage benötigst.

Stimm dich mental auf die bevorstehenden Anrufe ein, indem du dir den Gesprächsablauf durch den Kopf gehen lässt. Überleg dir, mit welchen Anfragen du heute verstärkt rechnen kannst, welche Einwände häufig kommen und wie du darauf reagierst. So fallen dir im Ernstfall schneller Antworten ein und du kannst sie besser formulieren.

Nervös vor dem Kundenanruf? Keine Sorge!

In den Sekunden des Wartens, bevor du den nächsten Kunden in der Leitung hast, macht sich leicht eine gewisse Nervosität breit. Das ist ganz natürlich. Bei einem eingehenden Telefonanruf hast du schliesslich noch keine Ahnung, mit welchem Anliegen der Kunde dich konfrontieren wird. Ist es eine einfache Frage? Ein kompliziertes Problem, bei dem dein fachliches Know-how gefragt ist? Eine Reklamation? Spricht der Kunde ruhig und sachlich oder so verärgert, dass er laut wird?

Auch wenn du den Kunden anrufst, musst du mit verschiedenen Szenarien rechnen. Du kannst dich zwar auf das vorbereiten, was du von deiner Seite loswerden willst, aber wie der Kunde darauf reagiert, weisst du nicht. Vielleicht stellt er ja noch ein paar detaillierte Fragen. Oder er bringt Einwände vor. Möglicherweise kennst du den Kunden bereits und weisst, dass er sehr kritisch ist.

Je eher du mit einer herausfordernden Situation rechnest, desto schneller wird dein Puls schlagen. Du wirst nervös. Du hast Lampenfieber.

Was tun gegen deine innere Anspannung und Aufregung?

Das allerbeste Mittel gegen Aufregung ist eine gute Vorbereitung. Wenn du sicher bist, dass du alle wichtigen Informationen und Argumente im Kopf hast, wenn du die Gesprächsstruktur verinnerlicht hast, wenn du dir genau überlegt hast, wie du auf mögliche Ein-

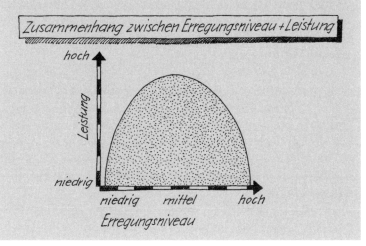

*wände des Kunden kompetent reagierst, wenn du dich auf alle Even-
tualitäten eingestellt hast – dann kannst du den Telefonanruf mit
gutem Gefühl entgegennehmen bzw. den Kunden anrufen. Es kann
dir nichts Schlimmes passieren.*

*Und wenn du nun trotzdem merkst, wie du feuchte Hände be-
kommst, und sich das Kribbeln in der Magengegend einfach nicht
abstellen lässt? Dann ist das überhaupt kein Grund zur Sorge. Im
Gegenteil. Die psychologische Forschung hat herausgefunden, dass
wir Menschen die beste Leistung bringen, wenn wir ein so genanntes
mittleres physiologisches Erregungsniveau aufweisen. Das heisst ganz
einfach: wenn wir ein bisschen aufgeregt sind.*

*Sind wir gar nicht aufgeregt, wirkt sich das auf unsere Leistung
eher negativ aus. Bei zu geringer nervlicher Anspannung fliessen unsere Gedanken zäher. Wir sind weniger konzentriert. Das kann sogar
dazu führen, dass uns manche Dinge gar nicht einfallen. Schade,
wenn das gerade unsere besten Argumente sind.*

*Sind wir dagegen sehr nervös, ist unsere Leistung auch nicht be-
sonders gut. Das liegt daran, dass wir mit den Gedanken dauernd bei
einem möglichen Versagen sind. Wir denken nur noch daran, was
alles schiefgehen könnte und was wir nicht auf Lager haben. Und
wenn dann tatsächlich etwas nicht so gut läuft, kreisen unsere Gedanken darum, welche Konsequenzen das haben könnte. Wir haben
den Kopf nicht mehr frei für das, was wir eigentlich sagen wollen.
Wir stehen auf dem Schlauch.*

*Ein mittlerer Grad an Aufregung ist ideal. In diesem Zustand
laufen wir zur Höchstform auf. Wir sind hoch konzentriert, wie ein
Raubtier kurz vor dem Sprung. Unser Gehirn funktioniert wie ge-
schmiert. Wir bringen unsere beste Leistung.*

*Es ist nicht ganz leicht, unsere Nervosität so zu kontrollieren, dass
sie sich auf dem besten Niveau bewegt. Tendenziell sind wir vor einer
herausfordernden Situation eher überdurchschnittlich aufgeregt.
Jetzt kann uns ein anderes psychologisches Phänomen zugute kommen: Je höher unser physiologisches Erregungsniveau ist, desto mehr
verlässt sich unser Gehirn auf das, was es sehr gut kennt. Das heisst,
in solchen Situationen ruft es spontan das ab, was wir gelernt und
verinnerlicht haben.*

*Für dich als BestCaller heisst das: Je besser du auf Kundenkon-
takte am Telefon vorbereitet bist, je intensiver du deine Formulierun-*

gen trocken geübt hast, je häufiger du die Gelegenheit zum Training genutzt hast, desto höher ist die Wahrscheinlichkeit, dass du auch in schwierigen Situationen trotz hoher Nervosität das Richtige sagst und das Richtige tust.

Das eingehende Telefonat

Der Werner Berger Telefontrichter für eingehende Telefonate ist keine Checkliste, die du stur abarbeiten sollst. Er ist eine Hilfestellung für strukturierte InboundCalls. Gehen wir ihn Schritt für Schritt zusammen durch.

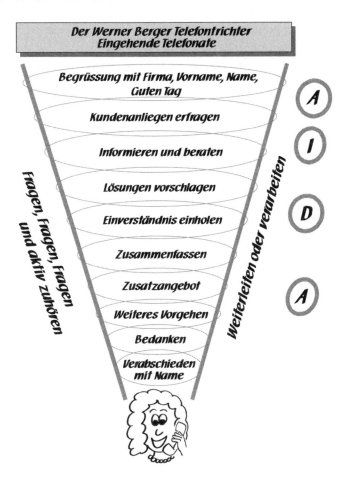

Aufbau der
Begrüssungs-
sequenz
➜ Kapitel 1
S. 46

1. Begrüssung

Du nimmst das Telefonat entgegen und steigst mit einer einladenden Begrüssung ein. Die Anmeldesequenz ist so, wie sie dein Unternehmen festgelegt hat. Du sprichst die Firma und deinen eigenen Vor- und Nachnamen deutlich aus. So weiss der Anrufer sofort, dass er am richtigen Ort gelandet ist und wer sich nun um ihn kümmert.

2. Kundenanliegen erfragen

Fragetechnik
➜ Kapitel 3
S. 82

Du fragst den Kunden nach seinem Anliegen – sofern er nicht schon von sich aus lossprudelt. Du stellst ihm Fragen, damit du dir ein Bild der Situation machen kannst. Dein Zwischenziel ist, den Kunden und seine Bedürfnisse möglichst schnell zu verstehen. Mit welchen Fragen du hier am besten vorwärts kommst, lernst du im Kapitel «Fragetechnik», das direkt auf dieses folgt.

Während der Schilderungen des Kunden hörst du gut zu und machst dir Notizen, damit dir nichts entgeht.

3. Informieren und beraten

Jetzt kannst du dem Kunden die gewünschten Informationen geben und ihn beraten.

4. Lösungen vorschlagen

Du zeigst dem Kunden nach Möglichkeit verschiedene Lösungen auf sowie den jeweiligen Nutzen, den er dabei hat. Sprich ruhig eine Empfehlung aus, was aus deiner Sicht die beste Variante ist. Du bist schliesslich der Experte, dessen Rat der Kunde schätzt.

5. Einverständnis abholen

Frage deinen Gesprächspartner, ob dein Vorschlag in seinem Sinne ist. Indem du sein Einverständnis abholst, gibst du ihm das gute Gefühl, dass letztlich er die Entscheidung getroffen hat.

6. Zusammenfassen

Dann fasst du die wichtigsten Punkte zusammen. Dadurch stellst du sicher, dass ihr euch richtig verstanden habt und nichts vergessen wurde.

7. Zusatzangebot

Jeder telefonische Kontakt beinhaltet die Chance, dem Gesprächspartner ein Zusatzangebot zu machen. Diese Chance nutzt du,
wann immer du glaubst, dass der richtige Zeitpunkt dafür gekommen ist. In der Regel bietet sich der Moment an, in dem du das
Anliegen des Kunden zu seiner Zufriedenheit erledigt hast. Jetzt hat
er wieder ein offenes Ohr für ein neues Thema.

CrossSelling
➜ Kapitel 4
S. 156

8. Weiteres Vorgehen

Am Schluss informierst du den Kunden über das weitere Vorgehen.
Dabei ist es besonders wichtig, dass du Verbindlichkeiten schaffst.
Teil ihm genau mit, was er bis wann von wem erwarten kann.

9. Bedanken

Du bedankst dich für den Anruf bzw. den Auftrag.

10. Verabschieden

Mit deiner freundlichen Verabschiedung setzt du einen positiven
Schlusspunkt. Du sorgst dafür, dass du beim Gesprächspartner in
positiver Erinnerung bleibst. Sich einfach nett zu verabschieden mit
«Auf Wiederhören, Herr Santiago» oder sich engagiert zu verabschieden ist der kleine Unterschied mit der grossen Wirkung. Das
kann zum Beispiel so klingen: «Herr Santiago, ich bedanke mich für
das Gespräch und freue mich darauf, Sie bald wieder zu hören. Ich
wünsche Ihnen einen schönen Tag!»

Lass dir dafür so viel Zeit wie nötig, damit der Kunde nicht das
Gefühl bekommt, dass du ihn sozusagen nach getaner Arbeit so
schnell wie möglich loswerden möchtest.

Es sind die letzten Botschaften, die letzten Eindrücke, die hängen bleiben, die entscheiden, ob der Kunde dich und das Unternehmen nachhaltig positiv in Erinnerung behält.

Wenn du deine Gespräche so strukturiert führst, gewinnst du Zeit.
Die kannst du zum Beispiel für ein Zusatzangebot nutzen – oder das
Telefonat wird einfach zur beiderseitigen Zufriedenheit abgekürzt.

Es ist nicht so, dass strukturierte Gespräche, die kürzer als un-
strukturierte sind, den Kunden weniger zufrieden stellen. Unzählige
Erfahrungsberichte belegen sogar das Gegenteil: Die Zufriedenheit

der Kunden steigt nach Kürzung der Gesprächsdauer. Warum? Der Kunde erhält schneller seine Antwort. Er kann die Leitung schneller wieder verlassen und sich somit schneller wieder seiner Arbeit oder seinem Privatleben widmen. Der positive Effekt ist für dich: Du kannst dich schneller dem nächsten Kunden zuwenden.

Es ist nicht zu wenig Zeit, die wir haben, sondern es ist zu viel Zeit, die wir nicht nutzen.
Seneca

Stell dir einmal vor, Kevin, was es ausmacht, wenn alle Mitarbeiter ihre Gesprächsdauer um nur 15 Prozent reduzieren. Bei mindestens gleich bleibender Kundenzufriedenheit, versteht sich, das ist Ehrensache! Stell dir vor, wie viele weitere Kunden ihr bedienen könntet. Wie viele Zusatzangebote ihr zusätzlich aussprechen und ausliefern könntet …

Nachbearbeitung

Damit der Kunde nicht nur direkt nach dem Gespräch mit dir zufrieden ist, sondern es auch bleibt, ist eine seriöse Nachbearbeitung unabdingbar. Es ist arbeitstechnisch klug, sie direkt im Anschluss an das Gespräch vorzunehmen. So sind deine Gedanken noch beim soeben geführten Gespräch und deine Notizen noch nachvollziehbar.

Die nachfolgende Auflistung soll dir als Gedächtnisstütze dienen. Folgende Aufgaben musst du bei der Nachbearbeitung erledigen oder bei anderen Stellen in deinem Unternehmen auslösen:

- Schriftliche Auskünfte und/oder Unterlagen versenden
- Offerte senden
- Auftragsbestätigung senden
- Muster oder Probelieferung senden
- Termingerechte Lieferung veranlassen
- Geräteaustausch in die Wege leiten
- Kundenwünsche, Beanstandungen oder Informationen an einen Kollegen weiterleiten
- Abklärungen mit anderen Kollegen/Abteilungen vornehmen
- Kontaktaufnahme mit dem Kunden seitens eines anderen Kollegen veranlassen (z.B. durch den Aussendienst)
- Grüsse des Kunden ausrichten

- Nachfassgespräch mit dem Kunden planen (Termin und Thema notieren)
- Nächsten Kundenkontakt (Besuch durch den Aussendienst, Telefonat, E-Mail, o.Ä.) terminieren
- Eintrag im CRM-System oder im Kundendossier vornehmen

Kevins Lerntagebuch:

- *Die Struktur eines Telefonats sorgt dafür, dass der Kunde schneller zu dem kommt, was für ihn wichtig und richtig ist.*
- *Je strukturierter ich am Telefon vorgehe, desto kürzer die Gespräche. Dadurch komme ich schneller zum Zusatzangebot – oder zum nächsten Kundentelefonat.*
- *Ich kann jeden Kontakt für ein Zusatzangebot nutzen: Wichtig ist, dass ich das Anliegen des Kunden zuerst zu seiner vollen Zufriedenheit bearbeitet habe. Erst dann hat er offene Ohren für zusätzliche Ideen.*

Fragetechnik
Wie frage ich mich zum Erfolg?

Die Telefonkontakte mit deinen Kunden haben ganz unterschiedliche Ursachen, ebenso variieren die Kundenbedürfnisse. Je schneller du möglichst viel von deinem Gesprächspartner am anderen Ende der Leitung erfährst, desto besser verstehst du ihn. Und wenn du seine Lage verstehst, kannst du ihm weiterhelfen oder ihm ein auf seine Bedürfnisse zugeschnittenes Angebot unterbreiten.

Also, wie erreichst du den *gläsernen Kunden* am schnellsten? Indem du Fragen stellst! Nur, welche?

Gibt es in deiner Umgebung kleine Kinder? Geschwister, Neffen, Patenkinder? Mit welchen Fragen traktieren sie dich immer wieder? Und welche Fragen stellst du als Erwachsener? Welche Art von Fragen verwendest du am meisten? Frag dich selbst! Erkennst du den Unterschied zwischen den Fragen, die dir Kinder stellen und denen, die du am meisten stellst? Richtig! Deine Fragen beginnen meist mit einem Verb: «Hast du Zeit?», «Kannst du mir helfen?» usw. Meist kommt nur ein knappes, in sich geschlossenes Ja oder Nein als Antwort. Diese Fragen heissen demzufolge auch geschlossene Fragen. Kinder, die fragen, erhalten meist Informationen, die sie weiterbringen.

Und warum?

Sie stellen eben Fragen, die Informationen verlangen. Sie stellen Fragen, die mit einem Fragewort beginnen. Sie stellen offene Fragen. Solche, die öffnen. Fragen, die das Gegenüber verleiten, mehr von sich zu geben als nur ein knappes Ja oder Nein. Denk immer daran: Du erntest, was du säst!

Wer fragt, der führt und aktiviert den Dialog!

Stell deine Fragen aus einer Haltung der Hilfsbereitschaft, der Neugier und der Neutralität heraus. So fühlt sich der Kunde nicht ausgefragt, sondern spürt, dass deine Fragen dazu dienen, ihm schnellstmöglich eine gute Lösung bieten zu können.

Die wichtigsten Fragetypen für deinen Alltag

1. Offene Fragen

Offene Fragen erkennt man am Fragewort. Beispiele:

- «Welche Erfahrungen haben Sie mit dem neuen System gemacht?»
- «Welche Handy-Funktionen nutzen Sie bereits?»
- «Bis wann brauchen Sie die Lieferung auf Ihrer Baustelle?»
- «Wie viele Gäste kommen zu Ihrem Bankett?»
- «Wer wird von Ihrer Seite an dem Meeting teilnehmen?»
- «Wie stark wird der Bodenbelag im Eingangsbereich des Hotels beansprucht?»
- «Was ist Ihnen in Bezug auf Ihre Geldanlagen wichtig?»

Das Ziel dieser Fragen ist, möglichst umfassende Informationen zu erhalten.

Offene Fragen öffnen den Partner und geben dir die Informationen, die du brauchst, um nachher nutzenargumentierend vorzugehen.

Deshalb helfen dir die offenen Fragen am besten, deinen Gesprächspartner möglichst schnell zu verstehen. Sie gehören zu den wichtigsten Instrumenten bei der zielorientierten Gesprächsführung.

Mit Vorsicht zu geniessen ist die Warum-Frage, weil sie beim Gegenüber oft das Gefühl auslöst, sich rechtfertigen zu müssen. Sie klingt leicht vorwurfsvoll. Denk daran, wie es dir geht, wenn dich jemand fragt: «Warum kommst du so spät?», oder: «Warum hast du das nicht anders gemacht?». Du hast automatisch das Gefühl, etwas falsch gemacht zu haben. Welche Alternativen hast du, wenn du von deinem Gesprächspartner wissen möchtest, was der Grund für etwas ist? Zum Beispiel:

- «Frau Bertram, welche Kriterien haben vor zwei Jahren zur Entscheidung für dieses System geführt?»
- «Wie kam es dazu, dass die Fehllieferung vom letzten Monat erst heute gemeldet werden konnte?»
- «Was ist der Grund, dass Sie sich im Moment nicht für diese Lösung begeistern können?»

2. Geschlossene Fragen
Geschlossene Fragen werden durch ein Verb oder Hilfsverb eingeleitet. Beispiele:
- «Haben Sie Ihren Computer bereits einmal neu gestartet, seit das Problem aufgetaucht ist?»
- «Konnten Sie die Infobroschüre, die wir Ihnen zugeschickt haben, bereits lesen?»
- «Darf ich die Bestellung so für Sie auslösen?»

Ziel dieser Fragen ist ein klares Ja oder Nein. Bei manchen Themenkreisen, z.B. der Abklärung eines Benutzerproblems für ein IT-System, kann es sinnvoll sein, gezielt geschlossene Fragen zu stellen, um mögliche Fehlerursachen schnell prüfen zu können.

Ausserdem setzt du diese Frage häufig ein, wenn es um eine Abschlussentscheidung geht. Hier ist also der richtige Zeitpunkt wichtig. Erst alle Informationen abholen, mit Nutzen argumentieren und dann den Kunden vor die Ja/Nein-Entscheidung stellen. Das Gleiche gilt für die nun folgende Alternativfrage.

3. Alternativfragen
Alternativfragen zeichnen sich dadurch aus, dass sie dem Gegenüber verschiedene Möglichkeiten zur Auswahl stellen. Beispiele:
- «Passt Ihnen der Montag oder der Dienstag besser für einen Termin mit dem Kundenberater?»
- «Möchten Sie die Forellenfilets frisch oder lieber gefroren in Portionspackungen?»
- «Entscheiden Sie sich für die in der Offerte angebotene Variante A mit der Paketabholung um 9.00 Uhr oder lieber für die mit der Abholung um 12.00 Uhr?»

Das Ziel dieser Fragen ist eine Entscheidung. Der Vorteil dieser Fragen ist, dass sich das Gegenüber in beiden Fällen für eine positive Antwort entscheidet. Das Risiko einer vollständig ablehnenden Antwort («Ich möchte überhaupt keinen Termin») ist gering.

Wenn du dem Kunden noch eine dritte zusätzliche Variante anbietest, steigt deine Chance nochmals, dass er anbeisst.

Insbesondere bei der Terminvereinbarung bewährt sich diese Strategie. Beispiel: «Ich kann Ihnen den Montagmorgen, den Dienstag am späteren Abend oder ganz gut den Freitagnachmittag anbieten. Welcher Tag passt Ihnen am besten?»

Das Schöne an der Alternativfrage ist, dass der Kunde sich in diesem Moment Gedanken darüber macht, welche der angebotenen Varianten ihm am besten gefällt. Er setzt sich weniger mit der Frage auseinander, ob er überhaupt will oder nicht.

Übrigens: Es gibt die leichte Tendenz, dass der Kunde eher die zuletzt genannte Alternative wählt – wenn er keine starke Präferenz hat. Das heisst für dich: Wenn aus deiner Sicht der Mittwochnachmittag noch besser ist als der Montagmorgen, dann formulierst du die Frage wie folgt: «Soll der Kundenberater am Montagmorgen vorbeikommen oder lieber am Mittwochnachmittag?»

4. Hypothetische Fragen

Hypothetische Fragen entwerfen ein Szenario, das im Moment noch nicht Realität ist. Sie werden mit Redewendungen wie «Angenommen, …», «Was wäre, wenn …» o.Ä. formuliert. Beispiele:

- «Angenommen, wir finden für den Preis eine gemeinsame Lösung, würden Sie das System dann mit den in der Offerte angebotenen Leistungen bestellen?»
- «Was wäre, wenn wir die Paletten bis Ende des Monats in unserem Lager für Sie bereithalten würden. Würden Sie die Bestellung dann heute aufgeben?»
- «Sofern ein Kundenberater an einem Wochenende zu Ihnen kommen könnte, wären Sie dann zu einem persönlichen Gespräch bereit?»

Mit diesen Fragen hilfst du deinem Gesprächspartner und dir selbst aus festgefahrenen Denkmustern heraus. Du schaffst Transparenz, insbesondere in Bezug darauf, ob ein Einwand tatsächlich ein Einwand oder nur ein Vorwand des Kunden ist, um aus dem Gespräch auszusteigen.

Einwandbehandlung
→ Kapitel 4
S. 135

Geben wir ein Beispiel zu dieser Einwand-Vorwand-Unterscheidung:

Nimm einmal an, der Kunde sagt zu dir am Telefon: «Ja, wissen Sie, das muss ich noch mit meiner Frau besprechen.» Du wirst das Gefühl nicht los, dass es sich dabei um einen Vorwand handelt, weil er selbst nicht ganz von dem überzeugt ist, was du ihm gerade vorgeschlagen hast. Also setzt du eine hypothetische Frage ein: «Herr Schneider, angenommen, Ihre Frau würde die Entscheidung Ihnen überlassen, würden Sie persönlich das Angebot annehmen?»

Solange man selbst redet,
erfährt man nichts.
Marie von Ebner-Eschenbach

Wenn es sich bei der Aussage des Kunden um einen echten Einwand gehandelt hat, d.h., wenn er die Entscheidung tatsächlich noch mit seiner Frau besprechen möchte, dann müsste er jetzt mit einem klaren Ja antworten. In diesem Fall weisst du, dass du deine Arbeit gut gemacht hast. Deine Chancen stehen gut, dass der Kunde dir nach seinem Gespräch mit seiner Gattin einen positiven Bescheid gibt.

War es allerdings nur ein Vorwand des Kunden, dass er seine Frau ins Spiel brachte, wird er auf deine hypothetische Frage keine eindeutige Antwort geben. Höchstwahrscheinlich wird er versuchen auszuweichen oder noch eine weitere Ausrede hinzufügen. Jetzt weisst du, dass der wahre Grund für das Zögern des Kunden woanders liegt. Möglicherweise sogar auf der emotionalen Ebene. Am besten thematisierst du diese Vermutung offen. Zum Beispiel so: «Herr Schneider, offen gestanden habe ich jetzt das Gefühl, dass ich Sie noch nicht davon überzeugen konnte, dass das Angebot das richtige für Sie und Ihre Frau ist. An welcher Stelle stimmt etwas noch nicht für Sie?»

Fragetechnik

Fragetyp	Erkennungs-merkmal	Ziel der Frage
Offene Frage	Fragewort Wer, Was, Wie, Wo, Weshalb, Weswegen....	*INFO*
Geschlossene Frage	Beginn des Satzes mit einem Verb Haben Sie....	Ja oder Nein
Hypothetische Frage	Angenommen Sie könnten.... Angenommen Sie hätten....	Transparenz schaffen Vorwand und wahrer Hinter-grund der Inter-vention erkennen
Alternativ-frage	1 oder ②	Entscheide herbeiführen Zusage erhalten

Etwas für den kommunikativen Giftschrank:
Suggestivfragen

Eine Suggestivfrage ist eine Frage, die den Kunden zu einer bestimmten Antwort nötigt. Beispiele:

- «Das ist doch sicher die richtige Lösung für Ihre Firma?»
- «Sie meinen doch auch, dass das die beste Variante ist, oder?»
- «Sie gehen sicher mit mir einig, dass dies das einzig Vernünftige ist, nicht wahr?»

Auf solche Fragen kann der Gesprächspartner praktisch nur noch mit Ja antworten. Es sei denn, er bemerkt die Manipulation – dann wird er ärgerlich und reagiert mit Sicherheit ablehnend!

Also, falls nicht schon geschehen: Streich die Suggestivfrage mit sofortiger Wirkung aus deinem Repertoire! Suggestivfragen wirken manipulativ und laufen der Philosophie von Offenheit und Transparenz zuwider.

Zuhören können

Neben dem Fragen gehört die Gabe zuzuhören zu deinen wichtigsten kommunikativen Fähigkeiten. Wenn du Fragen stellst, musst du dem Kunden die Möglichkeit zur Antwort geben. Das heisst, du musst im richtigen Moment schweigen können.

> Man braucht zwei Jahre, um sprechen zu lernen, und fünfzig, um schweigen zu lernen.
> *Ernest Hemingway*

Es kann leicht passieren, dass du nach einer schön gestellten offenen Frage dem Kunden kaum die Chance lässt, zu Wort zu kommen, sondern sofort deine eigenen Annahmen in Form weiterer Fragen hinterherschiebst.

Zum Beispiel: «Was genau finden Sie kompliziert bei der Anwendung? Ist es der Anmeldeprozess? Oder die Navigationsleiste? Oder haben Sie Schwierigkeiten mit der Datenübertragung?»

Du bringst also *deine* Gedankengänge ins Spiel, statt abzuwarten, was den Kunden tatsächlich bewegt. Damit schränkst du seine Antworten ein, denn er lässt sich meist schnell auf deine gedankliche Schiene ein.

Ausserdem hast du dir in diesem Fall eine schöne offene Frage durch das Nachschieben von drei geschlossenen zerstört. Wenn du mehrere Fragen hintereinander stellst, antwortet der Kunde häufig nur noch auf die letzte.

Also, Kevin: Schalte im Anschluss an eine Frage eine erwartungsvolle Pause ein, damit der Kunde nachdenken und antworten kann.

Wenn der Kunde dann antwortet, musst du auch bereit sein zuzuhören. Du hörst zu und hörst hin. Das heisst, deine Antennen sind auf vollen Empfang eingestellt, so dass du Botschaften zwischen den Zeilen heraushörst. Mach dir Notizen und spiegle von Zeit zu Zeit in kurzen Sätzen die wesentlichen Punkte. Das bedeutet, dass du mit eigenen Worten wiederholst, was du vom Kunden gehört hast. Mit diesen kurzen Zusammenfassungen dokumentierst du einmal mehr dein Interesse an ihm und redest selbst weniger. Versichere dich, dass du alles genau verstanden und die Zusammenhänge richtig erfasst hast! Das nennt man aktives Zuhören.

> Offene Fragen und die Gabe zuzuhören ebnen dir den Weg zum Erfolg.

Kevins Lerntagebuch:

- *Mit offenen Fragen frage ich mich zum Erfolg.*
- *Die hypothetische Frage entlarvt den Kunden, wenn er mich mit einem Vorwand abspeisen will.*
- *Je gezielter ich frage, desto schneller verstehe ich den Kunden und desto kürzer ist das Gespräch.*
- *Auch wenn mir viele Fragen auf der Zunge liegen, stelle ich geduldig eine nach der anderen. Nur so bekomme ich die Antworten, die ich verdiene, Antworten, die mich weiterbringen.*

Umgang mit Reklamationen

Wie nutze ich eine Reklamation als Chance?

Welche Bedeutung haben Reklamationen?

Wenn sich jemand aus deinem Bekanntenkreis bei dir über dein Verhalten beschwert, kann das ganz schön weh tun. Eine Beschwerde im Geschäftsalltag trifft dich oft noch härter. Besonders unangenehm sind Reklamationen, die bei dir landen, obwohl dein Verhalten gar nicht Ursache der Verärgerung ist.

Eine Reklamation entgegenzunehmen ist keine angenehme Situation. Eine negative Botschaft zu bekommen, und das allzu oft in einem aufgebrachten Ton, ist sicher nicht das, was du dir wünschst, Kevin. Und damit bist du nicht allein. Die meisten Menschen können einer Beschwerde im ersten Moment nichts Positives abgewinnen.

Tatsächlich ist eine Reklamation etwas, worüber du und deine Kollegen im Unternehmen sich freuen sollten. Warum? Wäre es nicht viel schöner, wenn die Kunden keinen Grund zur Reklamation hätten? Natürlich, das wäre die ideale Welt. Aber in der realen Welt kommt es einfach vor, dass etwas nicht ganz zur Zufriedenheit des Kunden läuft. Kein Mensch ist perfekt. Weder du noch deine Kollegen im Verkaufsaussendienst, noch sonst jemand im Unternehmen. Fehler passieren. Und in einem solchen Fall reagieren gerade einmal knapp fünf Prozent der unzufriedenen Kunden mit einer Reklamation. Die meisten, rund 90 Prozent, wechseln stillschweigend zur Konkurrenz. Der kleine Rest bleibt trotz seines Ärgers beim bisherigen Lieferanten.

Was die Sache noch verschlimmert, ist, dass jeder unzufriedene Kunde seine negativen Erfahrungen durchschnittlich acht- bis sechzehnmal weitererzählt. Und diejenigen, denen er es erzählt, erzählen es ebenfalls mehrmals weiter!

Jetzt weisst du, warum eine Reklamation stets ein Grund zur Freude sein sollte. Du hast es mit einem Kunden zu tun, der dir noch eine Chance gibt zu zeigen, dass du und deine Kollegen im Unternehmen es besser können. Er gibt euch die Gelegenheit, ihn von einem unzufriedenen Kunden zu einem zufriedenen zu machen. Wenn dir das mit deiner Reklamationsbehandlung gelingt, hast du ihn mit hoher Wahrscheinlichkeit für immer gewonnen. Denn wenn du dich in einer heiklen Situation bewährst, vertieft sich das Vertrauen des Kunden in dich und das Unternehmen. Er wird seine positive Erfahrung weitererzählen und macht damit die günstigste und wirksamste Werbung! Wenn ein Kunde dein Unternehmen weiterempfiehlt, habt ihr den nächsten neuen Kunden schon fast gewonnen.

Ein lohnende Überlegung für jedes Team ist deshalb: Wie bringen wir möglichst viele Kunden dazu sich zu melden, wenn sie mit etwas nicht zufrieden sind?

Reklamationen sind Chancen!

In manchen Unternehmen werden Reklamationen so ernst genommen, dass sie generell Chefsache sind. Das heisst, die Geschäftsleitung wird über jede Beanstandung genau informiert. Nicht um die Mitarbeiter zu kontrollieren, sondern um zu sehen, wo es im Unternehmen Verbesserungsmöglichkeiten gibt.

Angenommen, das Unternehmen, für das du arbeitest, bekommt zehn Reklamationen im Monat. Wenn diese zehn, wie wir oben gesehen haben, nur fünf Prozent der unzufriedenen Kunden entsprechen, heisst das, dass in Wirklichkeit 200 Kunden nicht zu ihrer Zufriedenheit bedient wurden. Unglücklicherweise konntet ihr bei 190 von ihnen den Schaden nicht beheben, weil ihr nichts davon wusstet.

Es lohnt sich also, darüber nachzudenken,
- wo Leistungen verbessert werden können,
- wie die Qualitätssicherung und -kontrolle optimiert werden kann,
- welche technischen Verbesserungen notwendig sind,
- wo organisatorisches Verbesserungspotenzial steckt,

- wie der Kundenservice noch kundenfreundlicher gestaltet werden kann,
- welche alternativen Lösungen es für besondere Probleme des Kunden gibt,
- wie eine umfassende Informierung des Kunden sichergestellt wird,
- wie die Personalinstruktion beim Kunden ergänzt werden kann, so dass weniger Handhabungsfehler passieren,
- was jeder im Unternehmen aus dem Reklamationsfall lernen kann.

Die Kosten, einen neuen Kunden zu gewinnen, sind fünfmal höher als die, einen vorhandenen Kunden zu behalten. Zudem hat sich gezeigt, dass in einer hervorragenden Reklamationsbehandlung sogar Chancen für eine Ausweitung des Geschäfts mit dem Kunden stecken. Also gilt es, in der Reklamationserledigung top zu sein, Kevin!

Was erwartet der Kunde bei einer Reklamation?

Wie sieht bei einer Reklamation die Sicht des Kunden aus? Er hat etwas gekauft, er hat Geld dafür ausgegeben, und jetzt entspricht das Produkt oder die Dienstleistung nicht seinen Erwartungen. Es ist menschlich, dass er darüber verärgert ist.
Was erwartet er, wenn er sich daraufhin beschwert?

Der Kunde will verstanden und ernst genommen werden.
Wenn der Kunde mit seiner Reklamation bei dir am Telefon landet, möchte er nicht den Eindruck gewinnen, dass du in ihm einen grundlosen Meckerer siehst. Er will spüren, dass du seine Situation und seinen Ärger nachvollziehen kannst. Vielleicht kommt dir seine Geschichte nicht so tragisch vor. Für ihn ist es im Moment ein riesengrosses Problem. Versetz dich in seine Lage: Wie würde es dir an seiner Stelle gehen?

Der Kunde will, dass sein Problem so schnell wie möglich behoben wird.

Wenn das gekaufte Gut seinen Zweck nicht so erfüllt, wie es für den Kunden notwendig ist, verursacht ihm das ein Problem. Dieses Problem möchte er natürlich möglichst schnell aus der Welt geschafft wissen.

Der Kunde will eine ehrliche Antwort, wenn etwas nicht geht.

Es kann vorkommen, dass ein Kunde etwas beanstandet, von dem du weisst, dass es sich nicht ändern lässt. Der Grund dafür kann zum Beispiel sein, dass das gekaufte Produkt für eine bestimmte Verwendung nicht gedacht und deshalb nicht geeignet ist (etwa der Kopierer, der für den Privatgebrauch konzipiert ist und nicht für den Dauerbetrieb in einem Unternehmen). Oder der interne Prozess in eurem Unternehmen kann den Bedürfnissen des Kunden nicht gerecht werden (etwa wenn eure Logistikwege über ein zentrales Verteilzentrum laufen und dadurch manche Waren einen Umweg zum Kunden nehmen, der Zeit kostet).

In einem solchen Fall ist es das Beste, dass du dies dem Kunden offen und ehrlich mitteilst. Es bringt überhaupt nichts, dem Kunden zu sagen, dass du sein Anliegen intern abklären wirst. Solche Scheinabklärungen nähren beim Kunden eine Hoffnung, die du nachher wieder zunichte machen musst. Beide Seiten haben nur unnötig Zeit verloren.

Der Kunde will sehen, dass er für das Unternehmen wichtig ist.

Kein Kunde möchte ein *kleiner Fisch* sein. Selbst wenn er rational genau weiss, dass sein Kauf nur einen verschwindend kleinen Anteil am Umsatz des Unternehmens ausmacht. Er ist trotz allem Kunde und möchte sich gemäss der Maxime «Der Kunde ist König» behandelt wissen. Er will sehen, dass die Mitarbeitenden im Unternehmen ihn wichtig nehmen und sich ein Bein für ihn ausreissen.

Ganz davon abgesehen: Du weisst nie, was alles hinter einem aus deiner Sicht *kleinen Kunden* stecken kann. Vielleicht ist er – oder seine Frau, der er die ganze Geschichte am Abend erzählt – ein wichtiger Entscheidungsträger in einem Unternehmen.

Was will der Kunde nicht?

Der Kunde will keine langen Entschuldigungen hören.
Wenn du dich lang und breit entschuldigst, hilft das dem Kunden keinen Schritt weiter. Eine ausführliche Entschuldigung kostet ihn genau genommen nur Zeit. Und sie wirkt wie ein Auf-der-Stelle-Treten. Der Blick ist nach hinten gerichtet, auf die Vergangenheit, statt nach vorn, auf eine Lösung.

Eine Entschuldigung ist erstens nur angebracht, wenn du selbst tatsächlich einen Fehler gemacht hast, und zweitens kommt sie immer nur als Teil eines Lösungsvorschlags gut an. Dem Kunden hilft es überhaupt nicht, wenn du Asche auf dein Haupt streust und dein tiefstes Bedauern ausdrückst, wenn du dennoch bei dem Satz bleibst: «Da kann ich leider nichts machen.»

Der Kunde will nicht nur mit Geld *abgespeist* werden.
Wenn dem Kunden ein finanzieller Schaden entstanden ist, ist es angebracht, diesen zu ersetzen. Unangebracht ist es, dem Kunden ein *Geldpflaster* zu verpassen, wenn er über das Verhalten einer Person aus dem Unternehmen verärgert ist.

Dazu ein Beispiel: Ein Kunde schreibt einen Beschwerdebrief, weil bei ihm zu Hause die Internetverbindung mehrmals nicht funktioniert hat. Nach drei Wochen bekommt er einen Brief des Unternehmens, in dem ihm mitgeteilt wird: Aufgrund seiner Reklamation werde ihm als Wiedergutmachung auf der nächsten Rechnung ein Betrag von 100 Franken gutgeschrieben.

Stellt das den Kunden wohl zufrieden? Sehr wahrscheinlich nicht. Es geht ihm nicht um 100 Franken, sondern darum, dass sein Internetanschluss zuverlässig funktioniert. Der Antwortbrief des Unternehmens, der gar nicht auf eine Lösung seines Anliegens eingeht, gibt ihm nicht die Sicherheit, dass die technischen Schwierigkeiten dauerhaft behoben werden.

In 9 von 10 Fällen will der Kunde keine Entschuldigung, sondern die schnelle und kulante Behebung seiner Beanstandung!

Wer ist für die Reklamation zuständig?

Wenn ein Kunde telefonisch reklamiert, gilt auf jeden Fall: Der erste Gesprächspartner des Kunden ist für die zügige Erledigung der Reklamation verantwortlich. Egal welche Funktion er im Unternehmen hat. Es ist nicht Sache des Kunden, zuerst jemanden ausfindig zu machen, der sich für seine Beschwerde zuständig fühlt. Das wäre nicht kundenfreundlich und würde den Kunden noch mehr verärgern.

Wenn du eine Reklamation entgegennimmst, die du nicht selbst erledigen kannst, leitest du alle Informationen intern weiter. Du kümmerst dich weiterhin um den Stand der Dinge und darum, dass der Kunde informiert wird, so lange, bis die Reklamation erledigt ist. Wenn nämlich der Kunde nach einer Woche wieder bei dir anruft und sich beschwert, dass immer noch nichts unternommen wurde, giesst du Öl ins Feuer mit einer Antwort wie «Das tut mir sehr leid für Sie, aber ich habe die Reklamation an den Zuständigen weitergeleitet. Es hätte eigentlich in Ordnung gebracht werden sollen. Bestimmt dauert es nicht mehr lange».

Wie behandelst du eine Reklamation kompetent?

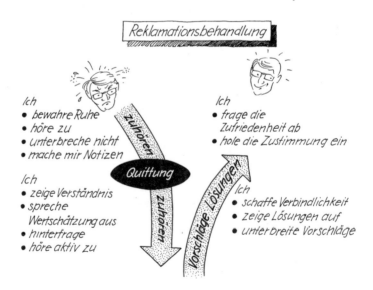

Die Grafik veranschaulicht die Reklamationsbehandlung auf einen Blick. Sie zeigt, wie du den Kunden, der verärgert ist, in einer ersten Phase beruhigst. Die wichtigste Voraussetzung dafür, dass dir dies gelingt, ist, selbst Ruhe zu bewahren. Es heisst zuhören, zuhören, zuhören. Der Kunde muss seinem Unmut Luft machen können. Bei der ersten Gelegenheit, bei der er dich zu Wort kommen lässt, reagierst du mit einer Quittung. Das bedeutet, dass du Verständnis für seine Situation und seinen Ärger zeigst.

Wenn du den Kunden auf diese Art beruhigt hast, kannst du in einer zweiten Phase des Gesprächs mit ihm das weitere Vorgehen besprechen. Je kompetenter und lösungsorientierter du dich dabei verhältst, desto grösser ist die Chance, dass der Kunde am Schluss mit einem guten Gefühl auflegt.

Die professionelle Reklamationsbehandlung besteht im Wesentlichen aus neun goldenen Regeln.

Die neun goldenen Regeln geschickter Reklamationsbehandlung

1. Ruhe bewahren. Es ist verständlich, dass eine Kundenreklamation bei dir Stress auslöst. Insbesondere dann, wenn der Kunde in aufgebrachtem Ton mit dir spricht. Allzu leicht klingt deine Stimme in einer solchen Situation auch einen Tick gereizter. Nicht umsonst gibt es das Sprichwort: «Wie man in den Wald hineinruft, so schallt es heraus.» Wie gesagt, eine solche Reaktion ist verständlich – professionell ist sie nicht! Und du willst und musst in deinem Job professionell sein.

Deshalb ist ganz wichtig: Lass dich nie vom verärgerten Tonfall des Kunden anstecken. Du sollst sachlich überzeugen, nicht streiten. Sonst machst du die Reklamationssituation nur noch schlimmer.

Sei dir immer bewusst: Der Ärger des Kunden richtet sich nicht gegen deine Person, sondern gegen die aus seiner Sicht mangelhafte Leistung, die ihm geboten wurde. Du bist im Moment die Stelle, an der er Dampf ablässt. Fühl dich deswegen nicht persönlich angegriffen.

2. Konzentriert zuhören und nicht unterbrechen. Zuhören, zuhören und nochmals zuhören. Schenk dem Kunden volle Aufmerksamkeit, damit er sich *abkühlen* kann.

Lass ihn ausreden. So kann er seinen Unmut abbauen und wird sich mit der Zeit beruhigen. Du verhinderst einen verbalen Schlagabtausch. Wenn du ihn zu unterbrechen versuchst, fachst du nur seinen Ärger weiter an. Der Kunde braucht an dieser Stelle das Gefühl, dass du dir Zeit für ihn nimmst und an seiner ganzen Geschichte interessiert bist.

3. Notizen machen. Notier dir unbedingt vom ersten Moment an alle wichtigen Botschaften des Kunden. Diese Informationen brauchst du, damit du einen Lösungsvorschlag unterbreiten und das Problem beheben kannst. Wenn du die Reklamation zur Bearbeitung an einen Kollegen weitergeben musst, ist er dir für eine umfassende Situationsschilderung in schriftlicher Form dankbar.

Damit ist auch sichergestellt, dass du später nicht noch einmal beim Kunden nachfragen musst.

4. Quittieren, nicht entschuldigen. Der Kunde will sich verstanden fühlen. Deshalb sollte deine erste Reaktion auf die Schilderung des Kunden eine Quittung sein. Damit drückst du Verständnis und Anteilnahme für seine Situation aus. Du bringst Wertschätzung dafür zum Ausdruck, dass er sich bei dir meldet und damit dem Unternehmen die Chance gibt, den Fehler zu beheben. Zum Beispiel:

- «Frau Gerber, ich kann nachvollziehen, dass Sie darüber verärgert sind», oder
- «Nach dieser Schilderung kann ich Ihren Ärger absolut verstehen, Herr Weiss. Gut, dass Sie gleich angerufen haben, da können wir zusammen anschauen, wie wir das wieder in Ordnung bringen können», oder
- «Herr Vogel, ich kann mir vorstellen, wie unangenehm diese Situation für Sie ist. Danke, dass Sie mich so schnell benachrichtigt haben».

Dank kommt hier unerwartet und kann helfen, ein erhitztes Gemüt abzukühlen. In gravierenden Fällen kann die Quittung auch so klingen:

- «Frau Schmid, ich bin sprachlos, dass dies passieren konnte. Ich bedanke mich für Ihre sofortige Mitteilung und werde alles daran setzen, dass das sofort aus der Welt geschafft wird.»

Eine Entschuldigung sprichst du nur dann aus, wenn der Fehler offensichtlich bei dir liegt. Du kannst dich nicht für etwas entschuldigen, an dem du nicht schuld bist.

Wie wir weiter oben im Kapitel schon besprochen haben, will der Kunde keine langen Entschuldigungen hören. Eine Entschuldigung bringt ihm bestenfalls etwas im Zusammenhang mit einem Lösungsvorschlag.

5. Fragen stellen. Zieh keine voreiligen Schlüsse. Geh der Sache auf den Grund. Dazu stellst du dem Kunden so lange Fragen, bis du ein klares Bild dessen hast, was vorgefallen ist. Du hörst aktiv zu und machst dir auch hier Notizen. Vertiefende Fragen und kurze Zusammenfassungen dessen, was du verstanden hast, geben dem Kunden das Gefühl, dass du ihn ernst nimmst. Du signalisierst ihm, dass dir die Erledigung seines Anliegens am Herzen liegt.

6. Vorschläge machen, Lösungen aufzeigen, Verbindlichkeit schaffen. Unterbreite deinem Kunden Vorschläge, wie seinem Anliegen Rechnung getragen werden kann. Dabei schöpfst du deine Handlungskompetenz voll aus. Frag den Kunden, was er von dir und dem Unternehmen erwartet. Was braucht er, damit er wieder zufrieden ist? Das ist einfacher, als dir selbst den Kopf zu zerbrechen, was wohl die beste Art der Wiedergutmachung ist.

Im Idealfall kannst du dem Kunden direkt am Telefon eine Lösung anbieten. Falls das Problem komplexer ist, zeigst du dem Kunden auf, welche Möglichkeiten du siehst und welche Schritte folgen können. Was unternimmst du konkret, wie und bis wann? Die Aussicht auf Besserung der Situation (oder: die Behebung des Schadens) bzw. Wiedergutmachung stimmt den Kunden versöhnlicher.

Informiere ihn, wie lange es schätzungsweise dauern wird, bis sein Problem behoben ist oder er zumindest einen Zwischenbescheid bekommt. Du schaffst also Verbindlichkeit. Das gibt dem Kunden das gute Gefühl, dass du dich für ihn einsetzt und er sich auf dich verlassen kann.

Für die Zeitangabe gilt: Rechne lieber ein bisschen mehr Zeit ein. Wenn du dem Kunden die Antwort früher liefern kannst als erwartet, ist er positiv überrascht. Bist du dagegen mit deinem Rückruf nicht pünktlich, ärgert er sich erneut.

7. Zustimmung abholen, Zufriedenheit hinterfragen. Hol die Zustimmung des Kunden zum aufgezeigten Lösungsweg ein – auch wenn das Problem am Telefon nicht gelöst werden konnte.

Frag ihn am Schluss, ob er mit dem Verlauf des Gesprächs und deinen Antworten zufrieden ist. Hiermit versicherst du dich, dass der Kunde seinen Unmut losgeworden ist.

8. Den Fehler sofort und gründlich beheben. Lass die Reparatur, den Ersatz oder die Gutschrift umgehend ausführen. Ein kleines Geschenk kann helfen, die Wogen zu glätten.

9. Wiederholung ausschliessen. Triff alle nötigen Massnahmen, um zu verhindern, dass sich Ähnliches noch einmal abspielt. Halte im Kundendossier oder im CRM-System die Informationen zu dieser Reklamation fest. So kann man später nachvollziehen, was geschehen ist und was unternommen wurde.

Weitere Tipps für dein Verhalten bei Reklamationen

Für die Reklamation danken
Wie oben erläutert, gibt uns der Kunde mit seiner Reklamation die Chance etwas zu verbessern. Dafür gebührt ihm Dank. Wenn du die Reklamation am Telefon oder persönlich entgegennimmst, bedankst du dich am besten sofort. Geht eine Beschwerde schriftlich ein, gibt es zwei Möglichkeiten: Du reagierst ebenfalls schriftlich oder du greifst zum Telefonhörer.

Fehler niemals mit unglaubwürdigen Begründungen tarnen
Gib es offen zu, wenn du merkst, dass in deinem Unternehmen wirklich jemandem ein Fehler unterlaufen ist. Scheinbegründungen kann der Kunde sofort widerlegen – und sein Vertrauen ist für immer dahin.

Klagen über die eigene Firma oder Kollegen unterlassen
Überall, wo gearbeitet wird, passieren Fehler. Für jeden, der eine Reklamation entgegennimmt, gilt: Ich verhalte mich fair und loyal gegenüber allen meinen Kollegen. Äussere dich nie über jemanden

negativ, auch nicht über dein Unternehmen ganz allgemein, die Organisationsstruktur oder das Management.

Keine Unterlieferanten anklagen

Das Unternehmen, für das du arbeitest, ist verantwortlich für die Leistung, die der Kunde eingekauft hat. Läuft etwas schief, kannst du die Schuld nicht Unterlieferanten zuschieben. Erstens zeugt das von wenig Rückgrat, und zweitens schliesst der Kunde daraus, dass ihr die Leistungen eurer Unterlieferanten nicht im Griff habt.

Nie dem Ansprechpartner des Kunden Reklamationen verschweigen

Der für den Kunden zuständige Aussendienstmitarbeiter muss unbedingt über die Reklamation Bescheid wissen. Sonst läuft er womöglich beim nächsten Kontakt mit dem Kunden ins Messer und disqualifiziert sich und die Firma damit erneut.

Nicht die Schuld beim Kunden suchen

Dem Kunden die Schuld in die Schuhe zu schieben ist ein kapitaler Fehler. Dies darf nicht einmal andeutungsweise geschehen, wie etwa in folgenden Formulierungen: «Ist Ihr Mitarbeiter wirklich gemäss Betriebsvorschrift vorgegangen?» oder «Sind Sie sicher, dass nicht eine Verwechslung bei Ihnen vorliegt?».

Stellt sich im Gespräch heraus, dass die Beschwerde ungerechtfertigt war, ist jegliches Triumphieren fehl am Platz

Diese Situation ergibt sich in der Praxis nicht selten: Verwechslungen, Handhabungsfehler, fehlendes Instruieren neuer Mitarbeiter und andere Patzer des Kunden können die Ursache der Reklamation sein. Stellt sich eine Beschwerde als ungerechtfertigt heraus, so ist das kein Grund zu triumphieren. Reaktionen wie «Sehen Sie, ich habe ja gleich gewusst, dass es nicht unser Fehler sein kann!» sind völlig unangemessen. Besser sagst du: «Ich bin froh, dass wir diesen Punkt zusammen anschauen konnten. Es ist für Sie vielleicht tröstlich zu wissen, dass der

gleiche Fehler auch schon anderen Kunden unterlaufen ist. Hauptsache, er lässt sich in Zukunft mit Sicherheit vermeiden!» Der Kunde ist dir dankbar, dass du ihm so hilfst, sein Gesicht zu wahren.

Reklamationen nicht auf die lange Bank schieben
Es kann schon einmal länger dauern, bis ein Fall klar ist. Aber bei hängigen Reklamationen ist ein Zwischenbericht unerlässlich. Damit vermeidest du, dass der Kunde sich auch noch wegen fehlender Rückmeldung beschwert!

Das Allerwichtigste ist: Reklamationen haben immer Priorität!

Reklamationen vorbeugen

Das Beste ist, einer Reklamation entgegenzuwirken, bevor sie überhaupt entstehen kann. Dies ist in vielen Fällen möglich. Es bedingt allerdings proaktives Verhalten.

Schauen wir uns an einem konkreten Beispiel an, was damit gemeint ist.

Eine Firma, nennen wir sie «Bauexpert», stellt Rohrleitungen, Verbindungsstücke und alles, was dazugehört, her. Die Firma ist sehr erfolgreich. Vor allem das neue Verbindungssystem «Fix & Fertig» wird ihnen förmlich aus der Hand gerissen. Die Folge sind Lieferverzögerungen bei den Kunden.

Nach wenigen Wochen sind die Mitarbeitenden im Verkaufsinnendienst so frustriert, dass sie den Produktnamen «Fix & Fertig» nicht mehr hören können. Denn praktisch jeden Tag haben sie einen Kunden am Telefon, der reklamiert, weil seine «Fix & Fertig»-Lieferung nicht wie bestellt eingetroffen ist. Meistens sind diese Kunden ziemlich sauer, weil durch die Lieferverzögerung die ganze Arbeit auf der Baustelle ins Stocken gerät.

Es ist eine absolut unschöne Situation für beide Seiten: Den Innendienstmitarbeitern von «Bauexpert» liegt die Sache schwer im Magen. Sie wissen schon am Morgen, dass sie während des Tages wieder mit den gleichen Lieferproblem-Reklamationen konfrontiert werden, ohne viel dagegen tun zu können. Und für die Kunden ist es mühsam, wenn am Morgen nicht das bestellte Material auf der

Baustelle ankommt und so die ganze Arbeitsplanung über den Haufen geworfen wird, die Arbeiter möglicherweise eine Weile untätig herumstehen müssen.

Wie könnte man diese Situation entschärfen? Die Antwort lautet: Statt zu warten, bis der Kunde reklamiert, ruft der Innendienst ihn frühzeitig proaktiv an, um ihn auf die Möglichkeit einer Lieferverzögerung hinzuweisen. Das hat zwei grosse Vorteile:

1. **Emotionaler Vorteil:** Beim proaktiven Telefonat nimmt ein Kunde ab, der mit hoher Wahrscheinlichkeit noch guter Laune ist. Es ist viel leichter, jetzt ein konstruktives Gespräch mit ihm zu führen, als wenn er so gestresst und verärgert ist, dass er zum Hörer greift, um sich zu beschweren. Die Chance ist sehr gross, dass der Kunde durch das vorausschauende Handeln des Innendienstes, der ihm bereits erste Lösungsvorschläge macht, so beeindruckt ist, dass der Ärger über den Lieferengpass gar nicht erst entsteht.

2. **Rationaler Vorteil:** Durch einen Anruf vor dem tatsächlich erwarteten Liefertermin bleibt sowohl dem Kunden als auch dem Innendienst der Lieferfirma mehr Handlungsspielraum für eine Lösung. Der Kunde kann möglicherweise seine Arbeitsplanung für die Baustelle leicht anpassen oder auf ein alternatives Produkt ausweichen. Selbst wenn das für ihn Mehraufwand bedeutet: Es ist immer noch besser, als untätig herumzustehen und sich zu ärgern. Der Innendienst seinerseits kann unter Umständen eine Auslieferung von einem anderen Lagerort ermöglichen, «Fix & Fertig» bei einem Zwischenhändler bestellen oder ein alternatives Produkt anbieten.

> Es ist besser, dem Kunden eine Negativbotschaft proaktiv zu kommunizieren, als zu warten, bis er reklamiert.

Zur Veranschaulichung einige konkrete Beispiele:
Statt auf die Reklamation zu warten, ist es besser, …

* dem Kunden bereits vor dem vereinbarten Liefertermin mitzuteilen, dass die bestellte Ware mit einer Verspätung eintrifft (und am besten auch, wie gross die Verspätung schätzungsweise sein wird).
* den Kunden proaktiv anzurufen, um ihn darauf hinzuweisen, dass bei seiner schriftlich eingegangenen Kleinbestellung ein

Kleinmengenzuschlag verrechnet werden wird und ihm Vorschläge zu machen, wie er die Bestellung so ergänzen kann, dass er den Zuschlag vermeidet.

- den Kunden vorzuwarnen, dass durch seine zusätzlichen Wünsche die im Kostenvoranschlag geschätzte Stundenanzahl für den IT-Support deutlich überschritten wurde und deshalb die Endabrechnung höher ausfallen wird.
- als Bankberater den Kunden anzurufen, wenn die Börsenkurse fallen, seine Stimmung abzuholen, ihm eine Situationseinschätzung zu geben und auf Basis seiner Bedürfnisse das weitere Vorgehen für die Depot-Bewirtschaftung zu bestimmen.

Regeln für die Kommunikation von Negativbotschaften:
Beherzige folgende Regeln, wenn du dem Kunden eine negative Botschaft kommunizieren musst:

- Schieb solche Anrufe nicht vor dir her, sondern ruf den Kunden so schnell wie möglich an.
- Rede beim Einstieg nicht lange um den heissen Brei: Sag gleich zu Beginn, worum es geht, und knüpf an die negative Botschaft direkt deinen ersten Vorschlag für eine Alternativlösung.
- Man darf deinem Tonfall nicht anmerken, dass du in der Defensive bist. Der Kunde muss insbesondere in solchen Situationen spüren, dass er einen starken Partner in dir hat.
- Zeig Einfühlungsvermögen für die unangenehme Lage, in die deine Nachricht den Kunden bringt, und drück Verständnis für seinen Unmut aus.
- Sag ihm, was geht, und nicht, was nicht geht.
- Definiere und terminiere klar die nächsten Schritte.

Mit dem richtigen Ohr hören

*Was geschieht eigentlich, wenn zwei Menschen miteinander reden, wenn sie kommunizieren? Der eine sagt etwas, er ist also der **Sender**. Der andere hört zu, er ist der **Empfänger** der Nachricht. Wie du wahrscheinlich selbst schon bemerkt hast, ist das, was der eine sagt, nicht unbedingt immer das, was beim anderen ankommt. «Da hast du mich falsch verstanden», sagen wir dann. Hast du dich auch*

schon gefragt, wieso aus einer Lappalie manchmal ein riesiger Streit wird? Mit hoher Wahrscheinlichkeit gibt es ein Sender-Empfänger-Problem.

Wie kommt es dazu? Wieso verstehen wir nicht immer das, was der andere ausdrücken wollte? Das liegt daran, dass in ein und derselben Nachricht mehrere Botschaften stecken. Nehmen wir deinen verärgerten Kunden von gestern, Kevin. Er hat dich gefragt: «Sind Sie noch im Kindergarten?» Konzentrieren wir uns zuerst auf den **Sachinhalt** dieses Satzes. Unter diesem Blickwinkel ist es eine Frage nach einer Information, nach Fakten. Wenn du lediglich auf der **Sachebene** antworten würdest, würdest du schlicht «nein» sagen und damit die erfragte Information geben. Klar, das wusste der Kunde natürlich schon vorher. Was schwingt also in dem Satz mit? Der Kunde gibt etwas von sich selbst preis, dass er nämlich verärgert ist. Das konntest du seinem Tonfall anhören. Hier spricht man von der **Selbstoffenbarungsebene**.

Mit der Nachricht hat der Kunde dir ausserdem vermittelt, was er von dir hält und wie er zu dir steht. Auf dieser **Beziehungsebene** kann zum Beispiel folgende Botschaft gesendet werden: «Ich halte Sie für nicht kompetent, Sie sind eine Zumutung für mich.»

Und es gibt noch eine weitere Seite der Nachricht, den **Appell.** Kaum etwas wird einfach so gesagt. Meist soll eine Nachricht beim Empfänger eine Wirkung haben, soll ihn zu etwas veranlassen. In deinem Beispiel könnte das sein: «Verbinden Sie mich mit jemandem, der sich besser auskennt.»

Damit du dir immer bewusst bist, dass in einer Nachricht mehrere Botschaften enthalten sind, stell dir vor, du hättest vier Ohren: Ein Sach-Ohr, ein Selbstoffenbarungs-Ohr, ein Beziehungs-Ohr und ein Appell-Ohr. Versuche, auf allen vier Ohren zu hören! Als Hilfestellung kannst du dir für jedes Ohr Fragen stellen:

- Sach-Ohr: «Wie ist der Sachverhalt zu verstehen, den mir der andere mitteilt?»
- Selbstoffenbarungs-Ohr: «Was ist das für eine Person? Was ist mit ihr? Was geht in ihr vor?»
- Beziehungs-Ohr: «Wie redet der eigentlich mit mir? Wen glaubt er vor sich zu haben?»
- Appell-Ohr: «Was erwartet der andere von mir?»

Die vier Ebenen der Nachricht gelten natürlich ebenso für deine Antwort. Überlege dir also gut, insbesondere bei Kundentelefonaten, auf welcher Ebene du antwortest. Gerade bei Reklamationen ist oft der Beziehungsaspekt der Nachricht sehr stark. Deshalb sind wir versucht, ebenfalls auf der Beziehungsebene zu reagieren. Nehmen wir nochmals das Beispiel mit dem Kindergarten. Eine Antwort auf der Beziehungsebene könnte in diesem Fall schnell zu einer Verschärfung der Situation führen. Die Reaktion «Was fällt Ihnen eigentlich ein, so mit mir zu reden?» würde den Kunden sicher nicht wohlwollender stimmen. Ganz im Gegenteil: Du könntest dich wahrscheinlich auf weitere Schimpftiraden gefasst machen. Gehst du dagegen auf den Selbstoffenbarungsinhalt ein, wäre eine mögliche Antwort: «Ich verstehe, dass Sie verärgert sind.»

Eine solche Quittung nimmt dem Kunden etwas Wind aus den Segeln. Sie ist ein erster Schritt in die Richtung, die Wut des Kunden verrauchen zu lassen.

Wenn dich dieses Thema weiter interessiert, empfehle ich dir die Buchreihe «Miteinander reden» von Friedemann Schultz von Thun. Er hat als Erster die vier Kommunikationsebenen beschrieben.

Kevins Lerntagebuch:

- Der reklamierende Kunde gibt mir noch eine Chance. Der unzufriedene Kunde, der nicht reklamiert, wechselt mit hoher Wahrscheinlichkeit einfach den Lieferanten. Das ist viel schlimmer.

- Ein reklamierender Kunde schätzt eine konstruktive Lösung mehr als eine Entschuldigung. Wenn ich selbst etwas verbockt habe, entschuldige ich mich selbstverständlich.

- Wenn eine Reklamation bei mir gelandet ist, bleibe ich dem Kunden gegenüber so lange verantwortlich, bis der Fall abgeschlossen ist. Selbst wenn ich die Reklamation zur Bearbeitung an einen Kollegen weitergeben musste.

- Eine Beschwerde nehme ich ruhig entgegen und höre in der ersten Gesprächsphase vor allem zu. In der zweiten Phase zeige ich Lösungen auf und versichere mich am Schluss, dass der vorgeschlagene Weg den Kunden für den Moment zufrieden stellt.

Umgang mit herausfordernden Kunden

Wie behalte ich meine gute Laune?

Dein Job am Telefon ist unter anderem auch deshalb so interessant, weil du täglich mit vielen verschiedenen Menschen in Kontakt kommst. Da kann es einfach mal passieren, dass ein Anrufer dabei ist, der deine Laune zum Absturz bringt. Ein lauter, aggressiver Tonfall, persönliche Angriffe oder arrogantes Verhalten können dich glatt umhauen. In einer solchen Situation ist es verständlicherweise nicht ganz einfach, die Fassung zu behalten und an kundenorientiertes Verhalten zu denken.

Dein Erfolg im telefonischen Kundenkontakt wird ganz massgeblich davon beeinflusst, wie gut du mit solchen herausfordernden Kunden umgehen kannst. Zum einen Erfolg im Sinne der zufrieden stellenden Bearbeitung des Kundenanliegens, zum anderen Erfolg im Sinne dauerhafter persönlicher Freude an der Arbeit. Letzteres hat höchste Priorität, denn nur wenn du deinen Job gern machst, machst du ihn gut.

Der wichtigste Erfolgsfaktor im Umgang mit herausfordernden Kunden ist deine Einstellung zu ihnen. Sie gehören dazu, sie lassen sich nicht gänzlich umgehen. Also mach das Beste daraus: Hab keine Angst vor den Gesprächen mit ihnen, sondern betrachte sie als *Lehrmeister*. Du kannst im Umgang mit anspruchsvollen Gesprächspartnern viel lernen. Denn du wächst durch schwierige Situationen, nicht durch das, was dir einfach in den Schoss fällt.

Beherzige den humanistischen Gedanken von Pestalozzi: «In jedem Menschen steckt etwas Gutes!» Sei bestrebt, das Gute in jedem Kunden zu finden, auch wenn es dir zunächst nicht leicht fällt.

Versuch nicht, deinen Gesprächspartner als *schwierigen Typen* in eine Schublade zu stecken. Das ist nicht konstruktiv.

Hast du das Gefühl, gerade den Typ *überheblicher Besserwisser* am Telefon zu haben, weil dich der Kunde dauernd unterbricht und dir erzählt, was er schon alles weiss? Dann hinterfrage dich für einen Augenblick selbst: Habe ich ihn sein Anliegen umfassend schildern lassen und ihm gut zugehört? Habe ich ihm das Gefühl vermittelt,

dass ich ihn verstanden habe und er in mir einen kompetenten Ansprechpartner hat?

Hast du das Gefühl, einen *wortkargen Zögerer* am Draht zu haben, dem du kaum Informationen entlocken kannst? Dann frage
dich: Welche Art von Fragen stelle ich? Solche, auf die er mit Ja und
Nein antworten kann, oder W-Fragen, die ihn ‹öffnen›? (Mehr zum
Thema Fragetechnik erfährst du im folgenden Kapitel.)

Fragetechnik
➜ Kapitel 3
S. 82

Hast du das Gefühl, mit einem *kritischen Zweifler* zu telefonieren,
der nichts glauben will, was du ihm erzählst? Dann hinterfrage dich:
Woran liegt es, dass ich ihn noch nicht überzeugen konnte? Sind
meine Argumente für ihn möglicherweise
nicht stichhaltig? Habe ich durch meine eigene unsichere Sprechweise, z.B. durch Konjunktive, durch Zögern, durch Formulierungen wie ‹Das sollte eigentlich …›, seine
Zweifel ausgelöst?

Hast du das Gefühl, dass du mit einem
unfreundlichen Motzer sprichst? Dann hinterfrage dich: Wie freundlich klinge ich selbst?
Trage ich womöglich durch einen gelangweil-
ten, ungeduldigen oder genervten Tonfall zur
Verschärfung der Situation bei? Gebe ich dem
Kunden das Gefühl, mich für sein Anliegen
nicht zuständig zu fühlen oder keine Verantwortung übernehmen zu wollen?

Am Ende dieses Kapitels wird Angi das Thema Kundentypisie-
rung noch mit dir vertiefen. Du hast sicher jetzt schon verstanden,
dass die Art, wie ein Gesprächspartner dir am Telefon begegnet nur
zu einem Teil durch ihn selbst bestimmt ist. Den anderen Teil bestimmst du durch deine Kommunikation mit ihm.

Das heisst für dich, Kevin: Beobachte dich besonders in kritischen Situationen sehr genau und frag dich, ob du möglicherweise
durch dein Verhalten zur angespannten Stimmung beiträgst.

Schauen wir uns jetzt zusammen an, wie du dich in Gesprächen
mit herausfordernden Kunden am besten verhältst.

Vier Regeln für den Umgang mit herausfordernden Kunden

1. Einen ruhigen, freundlichen Tonfall beibehalten. Das Schöne ist: Du kannst dein Gegenüber mit deinem Verhalten beeinflussen. Wenn du eine positive Grundhaltung ausstrahlst und dich ruhig und stets kundenorientiert verhältst, hat das eine positive Wirkung auf den anderen. Umgekehrt provoziert eine unfreundliche oder abwertende Behandlung deinerseits automatisch Feindseligkeit. Wenn *du* nicht freundlich bist, fühlt sich ein verärgerter Kunde umso mehr im Recht, aufgebracht zu reagieren. Also lass dich auf keinen Fall von einem ungehaltenen Gesprächspartner anstecken.

2. Sich nicht persönlich angegriffen fühlen. Ein wütender Kunde ist in den meisten Fällen nicht auf dich wütend. Er ist über die Situation wütend, in der er steckt. Eine Situation, zu der offensichtlich jemand in deinem Unternehmen beigetragen hat. Vielleicht hat er generell Sorgen, die ihn belasten. Oder er hat einfach einen schlechten Tag. Wer hat das nicht mal? Versetz dich in seine Lage, Kevin. Ist doch verständlich, dass man in so einem Moment den eigenen Lautstärkeregler nicht immer voll im Griff hat.

Mach dir immer wieder bewusst, dass dein Gesprächspartner keinen persönlichen Angriff auf dich im Sinn hat. Du bist einfach im Moment sein Ansprechpartner im Unternehmen. Sag dir selbst: Es geht nicht um mich, sondern um die Sache. Der andere ärgert sich nicht über mich, sondern über das Problem, das er hat. Dann fällt es dir leichter, nicht selbst emotional zu reagieren.

3. Den Kunden reden lassen. Zum Schlimmsten, was einem Kunden durch einen Ansprechpartner am Telefon passieren kann, gehört: unterbrochen werden. Das wirkt auf den Kunden unhöflich, besserwisserisch, arrogant – oder all das zusammen – und ausserdem abschätzig. Offensichtlich willst du dir keine Zeit für ihn nehmen, bist ungeduldig, glaubst schon zu wissen, was er sagen will. Es ist gut nachzuvollziehen, dass das beim Kunden überhaupt kein gutes Gefühl auslöst. Lass ihn so lange ausreden, bis er sein Anliegen aus seiner Sicht umfassend geschildert hat. Auch wenn es etwas länger dauert, als dir lieb ist. Aber was ist mit der Anrufdauer, die aus Gründen der Effizienz und damit des Servicelevels möglichst kurz sein sollte? Fragst du dich das gerade? Interessant ist dazu: Statistiken zeigen, dass ein Kunde, der nicht unterbrochen wird, in den seltensten Fällen länger als 30 Sekunden redet. Unterbrichst du ihn dagegen, unterbricht er dich wiederum bei der nächsten Gelegenheit. Das führt zu Wiederholungen auf beiden Seiten. Auf diese Art und Weise wird der Anruf nicht kürzer, sondern länger.

Deshalb gilt bei einem aufgebrachten Kunden erst recht: ausreden lassen. Oft legt der Zorn schon zu einem Teil, wenn der Kunde ein paar Augenblicke vor sich hin schimpfen kann.

Wichtig ist, dass du die ganze Zeit gut zuhörst und Notizen machst. Es wäre peinlich, den Kunden später etwas zu fragen, was er dir bereits mitgeteilt hat.

4. Die Macht des Schweigens nutzen. Wie wir weiter vorne bei der Reklamationsbehandlung gesehen haben, ist es wichtig, dass der Kunde seinem Unmut Luft machen kann und seine Geschichte erzählen darf. Deshalb hörst du ihm zu, ohne ihn zu unterbrechen.

Wenn du einen Kunden am Telefon hast, der auch nach Minuten nicht aufhört zu poltern, hilft nur eins: absolutes Schweigen. Jedes bestätigende «Ja, verstehe» oder auch nur «hm» treibt die Schimpftirade weiter an. Wenn du dagegen keinen Ton mehr von dir gibst, wird sich der Kunde irgendwann fragen, ob du noch dran bist. Also wird er sich selbst unterbrechen und fragen: «Sind Sie noch da?» Das ist die Gelegenheit, dich wieder elegant ins Gespräch einzuklinken. Du kannst zum Beispiel sagen: «Ja, ich bin noch da, Herr Maurer, und möchte Ihnen gerne helfen. Ich verstehe Ihren Ärger. Lassen Sie mich Ihnen aufzeigen, was wir jetzt tun können, um Sie aus Ihrer misslichen Lage zu befreien.»

Wie reagierst du, wenn ein Kunde aggressiv und beleidigend ist, obwohl du freundlich bleibst?
Entscheidend ist, dass du dich nie auf das gleiche aggressive Niveau begibst, weder im Tonfall noch in der Wortwahl. Bleib ruhig.

Das heisst allerdings nicht, dass du dir alles gefallen lassen musst. Wenn ein Kunde dich persönlich beleidigt oder sogar bedroht, darfst du das Gespräch beenden. Nicht indem du einfach den Hörer auflegst, sondern indem du ihn in ruhigem Tonfall darauf hinweist, dass du das Telefonat so nicht fortführen wirst. Das kann zum Beispiel so klingen:

- «Frau Guggenheim, ich habe das Gefühl, dass wir an einem Punkt angekommen sind, wo wir nicht mehr konstruktiv weiterkommen. Unter diesen Bedingungen möchte ich das Gespräch nicht fortsetzen. Ich schlage Ihnen vor, dass ich Sie morgen nochmals anrufe und wir uns dann in Ruhe darüber unterhalten.»
- «Herr Wacker, diese Bemerkung hat mich persönlich verletzt. Ich bedaure, dass wir das Problem nicht sachlich besprechen können. Unter diesen Umständen möchte ich das Gespräch beenden.»

Die eigene Befindlichkeit zum Ausdruck zu bringen hilft häufig, dem Gegenüber bewusst zu machen, dass er sich im Ton vergriffen hat. Wenn er sich nicht direkt entschuldigt, so doch vielleicht etwas später, wenn er wieder einen klaren Kopf hat und ihm bewusst wird, was passiert ist.

Tröstlich ist, dass wirklich anspruchsvolle Kunden die Ausnahme sind. Die meisten Kunden, mit denen du in deinem Arbeitsalltag am Telefon Kontakt hast, sind umgängliche Menschen. Und selbst jemand, der einmal unfreundlich war, kann beim nächsten Mal wieder besser gelaunt sein.

Ein weiterer positiver Aspekt ist: Wenn du einen anspruchsvollen Kunden zu seiner Zufriedenheit bedient hast, ist dein Erfolgsgefühl noch viel stärker als bei einem *einfachen* Kundenkontakt. Die herausfordernden Situationen sind es, in denen du abheben und zeigen kannst, dass du zu den Besten gehörst!

Sinn und Unsinn der Typisierung von Kunden

Immer wieder haben Menschen im Kundenkontakt das Bedürfnis, Kundentypen zu unterscheiden. Sie möchten erkennen können, mit was für einem Kunden sie es zu tun haben. Sie wollen ihn quasi durchschauen. Damit erhoffen sie sich, die richtige Gesprächstaktik und möglichst ein unfehlbares Vorgehen für den Umgang mit genau diesem Kunden praktisch automatisch auswählen zu können.

Von jeher haben die Menschen den Drang, ihre Mitmenschen in Kategorien einzuordnen. Das älteste dokumentierte System stammt von dem griechischen Arzt Hippokrates (um 460 – um 370 v. Chr.).

Er versuchte, die Menschen gemäss ihrem Körperbau zu klassifizieren. Ein Ansatz, den der römische Arzt Galenus (um 129–um 199 n. Chr.) später aufgriff und erweiterte. Er entwickelte die bekannte «Theorie der Dominanz der Körpersäfte», die vier Charaktere unterscheidet: den Melancholiker, den Sanguiniker, den Choleriker und den Phlegmatiker. Welche Eigenschaften er diesen Typen zuschreibt, ist an dieser Stelle nicht von Bedeutung, denn die Theorie entbehrt jeglicher wissenschaftlicher Grundlage. Der Wert solcher Typologien ist gering. Die Menschheit ist viel zu komplex, um sie in vier, sechs oder zehn Typen einordnen zu können.

Selbst die moderne Persönlichkeitspsychologie tut sich schwer, eindeutige Persönlichkeitsmerkmale und Charaktereigenschaften ausfindig zu machen, anhand derer sich unser Verhalten einschätzen lässt. Ein und dieselbe Person passt ihr Verhalten unterschiedlichen Situationen an. Die erfolgreiche Geschäftsfrau tritt bei der Konzeptpräsentation vor der Geschäftsleitung selbstbewusst auf – und beim Wochenendausflug mit der Familie traut sie sich nicht, einen Passanten anzusprechen, um ihn nach dem Weg zu fragen. In dieser Situation ist sie plötzlich schüchtern und bittet mit treuherzigem Blick ihren Mann, diese Aufgabe zu übernehmen. Was du im Urlaub in Griechenland als mediterrane Gemütlichkeit betrachtest, dass nämlich der Bus nicht pünktlich kommt, macht dich zu Hause rasend. Unser Verhalten ist eben nicht nur abhängig von unserer Persönlichkeit, sondern auch von unserer aktuellen Stimmung und zu einem grossen Teil von der Situation.

*Bei der Einschätzung unserer Umwelt stolpern wir häufig in psychologische Fallen. Zum Beispiel schliessen wir von einer zu einem bestimmten Zeitpunkt gemachten Beobachtung, dass der Sachverhalt zu einem anderen Zeitpunkt genauso ablaufen wird. Hast du einen Kunden am Telefon einmal wortkarg erlebt, erwartest du meist, dass er beim nächsten Kontakt auch wortkarg sein wird. Du gehst also – meist fälschlicherweise – von einer **Annahme der Stabilität der Zeit** aus. Es gibt viele Gründe, warum der Kunde das eine Mal so schweigsam war. Vielleicht ging ihm gerade ein Problem durch den Kopf. Oder er fühlte sich gesundheitlich nicht ganz auf der Höhe. Auf jeden Fall kann es sein, dass er sich beim nächsten Telefongespräch völlig anders verhält.*

*Eine andere Fehlannahme ist die so genannte **Annahme der***

Konsistenz in verschiedenen Situationen. Das heisst, dass wir davon ausgehen, dass sich Personen in ähnlichen Situationen gleich (konsistent) verhalten. Das muss nicht sein. Angenommen, ein Kunde hat seine letzte Bestellung einen Tag zu spät erhalten. Daraufhin ruft er sehr verärgert an und fragt, wo die Ware bleibe. Zwei Monate danach verspätet sich wieder eine Lieferung. Dieses Mal rufst du sofort an und entschuldigst dich – und wunderst dich über einen absolut freundlichen Kunden, der dir gut gelaunt versichert: «Sie, das macht doch nichts. Kann ja mal passieren.» Wieso verhält der Kunde sich so unterschiedlich? Möglicherweise, weil im ersten Fall die Lieferung für ihn zeitkritisch war, um wiederum seine Kunden rechtzeitig bedienen zu können. Im zweiten Fall hatte er noch genug Vorrat am Lager, so dass er problemlos zwei weitere Tage auf die neue Lieferung warten konnte.

Generell gilt: Wir schätzen Verhaltensweisen von anderen als konsistenter, d. h. als stabiler und regelmässiger ein, als sie tatsächlich sind. Wir erklären uns ihr Handeln interessanterweise meist mit ihrer Persönlichkeit – obwohl wir bei uns selbst eher die aktuelle Situation als entscheidend für unser Verhalten betrachten. (Denk mal daran zurück, Kevin, wie ungern du dir bei einer Meinungsverschiedenheit von Nadja hast sagen lassen, dass du ein schlechter Zuhörer bist!)

Erschwerend kommt hinzu, dass wir eine einmal gebildete Meinung immer wieder zu bestätigen suchen. Vielleicht denkst du z.B. über einen Kollegen, dass er langsam arbeitet. Jedes Mal, wenn du einen Hinweis auf seine Langsamkeit bekommst, wird das deine Meinung bestätigen. Wenn du dagegen siehst, dass er bei einer Aufgabe zügig vorankommt, bezeichnest es als Ausnahme. Und Ausnahmen bestätigen ja angeblich die Regel. Der Kollege hat also keine Chance, je wieder aus der Schublade herauszukommen, in die du ihn gesteckt hast. Schade!

Selbstverständlich besitzt jeder Mensch einige tatsächlich weitgehend stabile Wesenszüge. Es gibt Leute, die unternehmungslustiger sind als andere oder kooperativer oder dominanter. Solche Eigenschaften machen unsere Persönlichkeit aus. Das Schwierige ist, dass du von diesen Persönlichkeitseigenschaften nicht einfach auf das Verhalten der Person schliessen kannst. Konkretes Verhalten hängt nicht nur vom Charakter ab, sondern von der Situation und der Stimmung, in der sich eine Person befindet.

Das heisst für dich: Vergiss den Drang, deine Gesprächspartner in Charaktertypen einordnen zu wollen. Die Einteilung in Typen wäre nur sinnvoll, wenn du damit das Verhalten eines Gesprächspartners in einer bestimmten Situation vorhersagen könntest. Das funktioniert aber nicht. Statistisch lassen sich schon Tendenzen feststellen, d.h. Personen mit einer bestimmten Charaktereigenschaft, zum Beispiel Geduld haben, reagieren im Durchschnitt anders als ungeduldige Menschen. Aber für den Einzelfall, das heisst, für die Person, die du gerade in der Leitung hast, kannst du daraus keine zuverlässigen Schlüsse ziehen.

Du siehst den Kunden nur in einer Einzelsituation. Und in dieser verhält er sich nicht durchschnittlich. Selbst eine ruhige, introvertierte Persönlichkeit kann angesichts eines empfundenen Unrechts sehr ärgerlich werden. Und ein aufbrausender Mensch kann handzahm sein, wenn eine Person sympathisch auf ihn wirkt.

Wenn du Kundentypen erkennen möchtest, ist die Gefahr gross, dass du deine Mitmenschen in Schubladen steckst. Du blockierst damit dich selbst. Mit Angst vor einem vermeintlich bestimmten Typen im Bauch wirkst du am Telefon weder souverän noch kompetent. Auf der anderen Seite wiegst du dich bei einer Kundin, die du als «nett» kennengelernt hast, womöglich in falscher Sicherheit. Du bereitest dich auf den Anruf vielleicht weniger vor – und bist überrascht, wie patzig sie werden kann, wenn etwas nicht in ihrem Sinne funktioniert.

Ist das eine schlechte Nachricht, dass ich dir kein Schubladen-System für deine Telefongespräche bieten kann?

Nein. Denn warum kompliziert, wenn es auch einfach geht? Und einfach geht es: Begegne allen Menschen, mit denen du am Telefon in Kontakt trittst, offen, freundlich und kundenorientiert. Akzeptiere, dass Menschen verschieden sind. – Und weiter: Stell deinen Kunden Fragen. Du brauchst nicht zu spüren, was dein Gesprächspartner will. Viel besser ist es, zu wissen. Deshalb: Trau dich, zu fragen. Es ist im Interesse des Kunden, deshalb wird er dir antworten.

Kevins Lerntagebuch:

- Ich begegne verschiedenen Menschen in unterschiedlichen Stimmungslagen. Professionell ist, auch anspruchsvollen Kunden stets kundenorientiert und freundlich zu begegnen.
- Ich lasse mich von der schlechten Stimmung eines verärgerten Kunden nicht anstecken. Meine positive Grundhaltung wirkt sich auch auf die Laune des Kunden positiv aus.

Was sind meine persönlichen Erkenntnisse zum Kapitel?

Was konkret setze ich bis wann um?

Kapitel 4 – Die vierte Woche

Jetzt wird es richtig spannend für Kevin. In der vierten Woche darf er das erste Mal OutboundCalls tätigen. Das bedeutet, er ruft Kunden an und wird als Verkäufer aktiv. Zuerst ist er sich nicht so sicher, was er von dieser neuen Aufgabe halten soll. «Will ich ein Verkäufer sein», fragt er sich. Doch der Teamgeist, den er bei der Vorbereitung auf die Telefonaktion spürt, macht ihm Lust, sich ins kalte Wasser Verkauf zu stürzen. Nur so kann man zu neuen Ufern gelangen! Jenny ist ihm längst vorausgeschwommen. Dank des Telefonleitfadens kann Kevin seine Gespräche strukturiert führen. Es macht ihm Spass. Er kommt richtig in Fahrt. Am Ende der Aktion erntet er die Belohnung für seine Anstrengungen: Er, der Newcomer, stellt den Teamrekord auf! Die Anerkennung seiner Kollegen, die Gratulation der Teamleiterin und vor allem Jennys strahlendes Lächeln lassen ihn vor Stolz glatt zwei Zentimeter wachsen.

Ausgehende Telefonate
Wie werde ich am Telefon verkäuferisch aktiv?

Nutzenargumentation
Wie überzeuge ich meinen Kunden?

Einwandbehandlung
Wie gehe ich mit dem «Aber» des Kunden um?

Die Abschlusstechnik beherrschen
Wie stelle ich die entscheidende Frage?

CrossSelling und UpSelling
Wie maximieren wir den Kundenwert?

Umgang mit dem Telefonleitfaden
Wie bleibe ich dabei authentisch?

Ausgehende Telefonate

Wie werde ich am Telefon verkäuferisch aktiv?

Bis jetzt hast du dich hauptsächlich mit eingehenden Telefonaten beschäftigt, den Inbounds oder InboundCalls, wie man sie im Call-Center nennt. Die Kunden kamen mit ihren Anliegen zu dir. Du hast zugehört, Fragen beantwortet und Lösungen vorgeschlagen. Du warst in vielen Fällen die gute Fee.

Ab heute übernimmst du auch Outbound-Calls, Kevin. Du rufst jemanden an, der nicht auf dich wartet und schon gar nicht auf Kaufen eingestellt ist. Dein Ziel ist jedoch, den Kunden zu überzeugen, dass er am Schluss des Gesprächs Ja sagt. Du willst ihm eine Idee, einen Termin, eine Dienstleistung oder ein Produkt verkaufen. Diese Gespräche sind hoch spannend, interessant, aber auch herausfordernder als InboundCalls.

Was ist das Schöne an diesen Gesprächen?

Egal, ob du am Telefon direkt Produkte verkaufst, beim Kunden Interesse für Informationsmaterial wecken willst, einen Termin für den Aussendienst vereinbarst oder einfach einen Kunden anrufst, um seine Kundenzufriedenheit abzufragen:

- du bestimmst den Zeitpunkt des Kontakts,
- du kannst das Gespräch strukturiert vorbereiten,
- du hast die Zeit, wichtige Punkte im Vorfeld argumentativ aufzubereiten,
- du kannst dir überlegen, mit welchen Fragen du konfrontiert wirst und wie du darauf antwortest,
- du kannst dich darauf vorbereiten, wie du auf mögliche Vor- und Einwände reagierst,
- du kannst das Gespräch noch stärker selbst prägen.

Dies, Kevin, ist deine neue Welt. Das ist die Welt des Verkäufers. Damit wir für das Thema Verkauf ein gemeinsames Verständnis entwickeln können, diskutieren wir es zuerst. Dann schauen wir die Gesprächsführung für ausgehende Telefonate im Detail an.

Was heisst verkaufen?

Werfen wir einen Blick auf die Geschichte des Verkaufens. In der Geschichte der Menschheit kam irgendwann der Zeitpunkt der Spezialisierung. Menschen spezialisierten sich aufgrund ihrer regionalen Zugehörigkeit und bestimmten Fähigkeiten auf das Fischen, die Jagd, das Töpfern oder das Schmieden, um nur einige Erwerbszweige zu nennen. Andere Menschen konzentrierten sich auf den Handel. Jeder, der in einem solchen Prozess eingebettet war, musste auf die eine oder andere Weise verkaufen. Wärst du damals Töpfer gewesen, hättest aber keine ansprechenden Töpfe hergestellt oder schlechte Qualität geliefert, so wärst du schnell weg vom Fenster gewesen. Vor allem dann, wenn ein Wettbewerber in deiner Nähe eine bessere Leistung angeboten hätte.

Auch wenn du die Töpfe gegen andere Güter eingetauscht hättest, wäre dies ein Akt des Verkaufens gewesen.

Damit du etwas verkaufen kannst, brauchst du einen Markt. Der Markt sind die Kunden, die potenziellen Kunden. Du musst etwas unternehmen, damit sie in der heutigen Welt des Überflusses und Überangebots auf dich aufmerksam werden.

Und wie machst du das?

Diese Frage hat sich bereits im 19. Jahrhundert der Verkäufer Elmo St. Lewis gestellt. Er hat sich überlegt, welches der beste Weg ist, potenzielle Kunden dazu zu bewegen, bei ihm und nicht bei der Konkurrenz zu kaufen. So entstand 1898 die **AIDA**-Formel, die bis heute Gültigkeit hat.

Lewis fand heraus, dass wir zuallererst die **Aufmerksamkeit** (das erste **A** steht für **Attention**) unserer möglichen Kunden auf uns len-

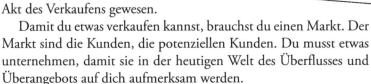

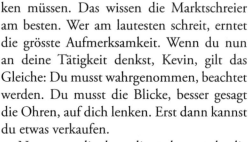

ken müssen. Das wissen die Marktschreier am besten. Wer am lautesten schreit, erntet die grösste Aufmerksamkeit. Wenn du nun an deine Tätigkeit denkst, Kevin, gilt das Gleiche: Du musst wahrgenommen, beachtet werden. Du musst die Blicke, besser gesagt die Ohren, auf dich lenken. Erst dann kannst du etwas verkaufen.

Nur wenn dir das gelingt, kannst du die nächste Hürde nehmen: das **Interesse** (**I** steht für **Interest**) deines potenziellen Kunden wecken. Dafür musst du in der Lage sein, in ein, zwei knackigen Sätzen auf den Punkt zu bringen, worum es bei deinem Angebot geht und was so toll daran ist. Dem interessierten Kunden geht jetzt Folgendes durch den Kopf: Was bietet er mir konkret an? Kann ich das gebrauchen? Will ich mir die Zeit nehmen, noch länger zuzuhören? etc.

Jetzt kannst du Gas geben. Je besser es dir gelingt, dem Kunden das Produkt durch deine Schilderungen bildlich vor Augen zu führen, desto spannender wird es für ihn. Er bekommt erste Antworten auf seine Fragen. Deine überzeugenden Argumente sorgen dafür, dass das Herz des Kunden für dein Angebot zu schlagen beginnt. Er muss Feuer und Flamme sein. Bis du bei ihm den **Wunsch** auslöst (**D** steht für **Desire**), das Produkt zu besitzen.

Schliesslich brauchst du dem Kunden nur noch beim Kauf zu helfen. Fordere ihn zur **Tat** auf (**A** steht für **Action**). Fordere ihn auf, Ja zu sagen. Schliess ab, mach den Sack zu, damit bei dir und bei deinem Unternehmen die Kassen klingeln.

Das ist Verkaufen!

Verkauf ist keine Hexerei. Es ist die logische Folge deiner persönlichen Weiterentwicklung, deiner engagierten täglichen Arbeit. Es ist etwas, das du schon als Kleinkind ganz natürlich praktiziert hast. War es nicht so, dass du dich mächtig ins Zeug gelegt hast, um Mama und Papa zu verkaufen, dass das Spielzeug, das dein Schulkamerad bereits sein eigen nennt, auch für dich das einzig richtige sei? Dass du dich, sofern du auch bald stolzer Besitzer dieses ultimativen

Geschenks sein würdest, in die Liste der allzeit bereiten Autoputzer oder Geschirrabtrockner einreihen würdest?

Oder welche Argumente sind dir eingefallen, um deine Eltern zu dem Einverständnis zu bewegen, am Samstagabend mit dem letzten statt dem zweitletzten Buss nach Hause fahren zu dürfen!

Du hast schon damals die Einwandbehandlung beherrscht. Du hattest im Bus genügend Zeit darüber nachzudenken, welche Argumente du ins Feld führst, wenn du mit der Frage konfrontiert wirst: «Warum kommst du erst jetzt nach Hause? Wir haben doch vereinbart, dass du den Bus um 22.15 Uhr nimmst!»

Wenn du heute Jenny schmackhaft machen willst, am Abend mit dir in eine bestimmte Pizzeria zu gehen, bist du der Verkäufer deiner Idee.

Vielleicht verdienst du dir ja auch hin und wieder etwas dazu, indem du Dinge, die du nicht mehr brauchst, auf eBay anbietest. Dann bist du bereits als Verkäufer tätig.

Du siehst, der Verkäufer steckt praktisch schon in dir. Jetzt brauchst du das, was du im Privatleben schon immer wie selbstverständlich konntest, nur noch in deinen Kundenkontakt einzubauen.

Beim Kunden hast du im Gegensatz zum *Verkauf* im Privatleben die Situation, dass du in Konkurrenz mit vielen anderen Menschen und Unternehmen stehst. Deshalb gilt es dort, deine Aktivitäten als Verkäufer immer mehr zu professionalisieren. Wenn du Erfolg haben willst, musst du besser sein als andere. Du musst dich von der Masse abheben.

> Der Nachteil der Intelligenz besteht darin, dass man ununterbrochen gezwungen ist dazuzulernen.
> *George Bernard Shaw*

Noch etwas, erinnerst du dich daran, wie es war, als du dir in letzter Zeit etwas schönes Neues geleistet hast, das dich so richtig glücklich gemacht hat? Ist das nicht ein befriedigendes Gefühl nach dem Kauf? So geht es den meisten Menschen. Es macht zufrieden, sich etwas Schönes oder Nützliches zu kaufen. Was also soll daran verwerflich sein, als Verkäufer einen solchen Akt der Beglückung zu unterstützen?

Verkaufen ist spannend, abwechslungsreich und fordert immer aufs Neue heraus. Verkäufer – damit bist auch du gemeint – sind diejenigen, die massgeblich dazu beitragen, dass sich die Weltwirtschaft stetig weiterentwickelt. Darauf darfst du stolz sein.

Freu dich auf deine erste Outbound-Kampagne.

Kommen wir nach diesem Exkurs zurück zum Anruf, den du initialisierst. Worauf kommt es an, wenn du den Kunden anrufst?

Das schauen wir uns auf den folgenden Seiten anhand der drei Etappen Gesprächsvorbereitung, Telefongespräch und Nachbearbeitung an.

Gesprächsvorbereitung

Bei ausgehenden Gesprächen kannst du dich im Gegensatz zu eingehenden Gesprächen viel besser vorbereiten. Du kennst dein Ziel und bestimmst den Zeitpunkt deines Anrufs.

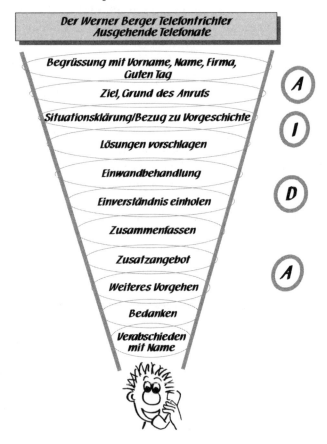

Du bereitest dich am besten auf der Basis des Werner Berger Telefontrichters für Ausgehende Telefonate vor, den wir gleich zusammen durchgehen. Mach dir für jede Etappe Notizen, was du deinem Kunden sagen möchtest. Dadurch wird dein Gespräch strukturiert und zielführender ablaufen: Du rückst damit die Chance auf Erfolg in Reichweite.

Das ausgehende Telefongespräch

1. Begrüssung

Sobald der Kunde abgenommen und sich gemeldet hat, meldest du dich an. Die Anmeldesequenz verläuft so, wie sie dein Unternehmen festgelegt hat. Du sprichst deinen Vor- und Nachnamen und den Namen deines Unternehmens dynamisch und deutlich aus. Wenn der Kunde dich noch nicht kennt, erläuterst du, wer du bist und was deine Rolle im Unternehmen ist. So weiss der Kunde sofort, mit wem er es zu tun hat.

2. Ziel und Grund des Anrufs

Du nennst den Grund und das Ziel deines Anrufs. Wenn es darum geht, den Kunden für ein Produkt oder eine Dienstleistung zu gewinnen, ist hier der Zeitpunkt für die Positionierung. Das bedeutet, dass du in ein, zwei klaren Sätzen auf den Punkt bringst, worum es bei deinem Produkt geht. Damit du das schaffst, brauchst du Übung! Hier zahlt sich aus, wie gut du dich vorbereitet hast und wie intensiv du diese Produktpositionierung trainiert hast. Die Produktpositionierung ist wie ein Angelhaken, den du auswirfst.

3. Situationsklärung/Bezug zur Vorgeschichte

Jetzt stellst du die Fragen, die du dir in der Gesprächsvorbereitung überlegt hast. Du lernst deinen Gesprächspartner und seine Bedürfnisse besser kennen.

AIDA-Formel
➜ Kapitel 4
S. 117

4. Lösungen vorschlagen

Dann sprichst du dein Angebot aus. Du formulierst dieses nutzenorientiert. (Mehr dazu lernst du im nächsten Kapitel.) Du beantwortest mögliche Verständnisfragen.

5. Einwandbehandlung

Einwandbehandlung
➡ Kapitel 4
S. 135

Du entkräftest aufkommende Einwände entsprechend deiner Vorbereitung.

6. Einverständnis abholen

Als Nächstes holst du das Einverständnis deines Gesprächspartners ein. Du schliesst ab, machst, bildlich gesprochen, den Sack zu.

7. Zusammenfassung

Es lohnt sich, die wichtigsten Punkte zusammenzufassen. So stellst du sicher, dass ihr euch richtig verstanden habt und nichts vergessen wird.

8. Zusatzangebot

Wann immer möglich, sprichst du ein Zusatzangebot aus.

9. Weiteres Vorgehen

CrossSelling
➡ Kapitel 4
S. 156

Am Ende informierst du den Kunden verbindlich über das weitere Vorgehen. Wenn es dieses Mal zu keinem Abschluss gekommen ist, kannst du hier ankündigen, wann du dich das nächste Mal meldest.

10. Bedanken

Wenn der Kunde dir eine Zusage gemacht hat, möchte er spüren, dass du dich wirklich darüber freust. Bedank dich also. Wenn du keine Zusage bekommen hast, kannst du dich wenigstens für die Informationen oder die Zeit, die sich der Kunde für dich genommen hat, bedanken.

11. Verabschiedung

Die Verabschiedung darf nicht zur Floskel verkommen. Bleib bis zum Schluss charmant und engagiert. Sprich den Kunden hier bewusst nochmals mit seinem Namen an. Wenn du dem Gespräch am Schluss eine persönliche Note gibst, bleibst du dem Kunden nachhaltig positiv in Erinnerung. Der Kunde sollte sich schon jetzt darauf freuen, dich irgendwann einmal wieder am Apparat zu haben.

Nachbearbeitung

Die Nachbearbeitung ist wie beim eingehenden Gespräch fester Bestandteil des Telefonats. So gilt auch hier: Erledige die Nachbearbeitungsaufgaben sofort, so sind deine Gedanken noch beim eben geführten Gespräch und deine Notizen noch nachvollziehbar. Schau dir hierzu die Auflistung an, die du im Kapitel «Das strukturierte Telefonat» findest.

«Das strukturierte Telefonat».
Nachbearbeitung
➡ Kapitel 3
S. 74

Umgang mit Anrufbeantwortern

Der Anrufbeantworter ist heute sowohl im privaten wie im geschäftlichen Bereich, im Festnetz und im mobilen Netz weit verbreitet. Die Wahrscheinlichkeit, dass du mit dem Anrufbeantworter deines Kunden vorlieb nehmen musst, ist also gross.

Es empfiehlt sich, auf dem Anrufbeantworter des Kunden eine Nachricht zu hinterlassen. Daran erkennt er, dass du dich um einen Kontakt mit ihm bemühst. Das bedeutet allerdings nicht, dass du nun seinen Rückruf erwartest. Kundenorientierung heisst in diesem Fall, dass du die Verantwortung für die Kontaktaufnahme weiterhin übernimmst. Egal ob es um ein Anliegen des Kunden geht oder um etwas, das du von ihm möchtest.

Kundenorientiertes Telefonieren
➡ Kapitel 1
S. 35

Welche Botschaften hinterlässt du auf dem Anrufbeantworter des Kunden?
- deinen Vornamen, Namen und den Namen des Unternehmens
- den Grund des Anrufes
- dass du dich gerne wieder meldest und in welchem Zeitrahmen du es nochmals probierst
- dass der Kunde dich erreichen kann, wenn er möchte (und du eine direkte Durchwahlnummer hast)
- deine Telefonnummer (sehr langsam und deutlich sprechen, am besten Zahl für Zahl)
- wann du zu erreichen bist
- Verabschiedung

Beispiel:

«Guten Tag, Herr Muster. Hier ist Markus Schwarz von Weiss & Partner. Ich rufe Sie wegen der Offerte für die Bodenbeläge in Ihrem Hotel an. Ich werde mich morgen Nachmittag nochmals bei Ihnen melden. Falls es Ihnen in der Zwischenzeit passt, können Sie mich auch gern zurückrufen. Meine Nummer ist 012 345 678 90. Ich bin von 7.30 Uhr bis 12.00 Uhr und von 13.00 Uhr bis 17.00 Uhr zu erreichen. Ich wünsche Ihnen noch einen schönen Tag, auf Wiederhören.»

Kevins Lerntagebuch:

- Verkaufen kann wirklich Spass machen. Wichtig ist, dass ich einem Kunden nur etwas anbiete, das für ihn nützlich sein kann.
- Ich muss so spannend in das Telefongespräch einsteigen, dass ich gleich die volle Aufmerksamkeit des Kunden habe. Wenn ich sein Interesse wecken kann und bei ihm den Wunsch auslöse, zu meinem Angebot Ja zu sagen, brauche ich nur noch die Abschlussfrage zu stellen. Meine Eselsbrücke dafür heisst: AIDA!
- Je besser ich mich auf den Anruf vorbereitet habe, desto überzeugender bin ich im Verkauf.
- Wenn ich auf einem Anrufbeantworter lande, hinterlasse ich eine Nachricht. Diese zeigt dem Kunden, dass ich mich um ihn bemühe. Die Verantwortung für die nächste Kontaktaufnahme übernehme ich weiterhin.
- Meine Nachricht auf dem Anrufbeantworter des potenziellen Kunden erleichtert den Einstieg beim nächsten Anruf. Es gibt eine – wenn auch kurze – Vorgeschichte, auf die ich Bezug nehmen kann.

Nutzenargumentation

Wie überzeuge ich meinen Kunden?

Warum soll der Kunde gerade von deinem Unternehmen Produkte oder Dienstleistungen kaufen?

Im ersten Moment denkst du vielleicht: Weil unsere Produkte und Dienstleistungen so viele Vorteile besitzen. Vorteile sind positive Eigenschaften, die ein Produkt oder eine Dienstleistung auszeichnen. Diese lassen sich ganz objektiv erkennen.

Geht es dem Kunden wirklich darum, welches Produkt die meisten Vorteile aufweisen kann? – Nein. Den Kunden interessiert nicht die Masse an positiven Eigenschaften, die dein Angebot auszeichnet. Ihm geht es vielmehr um seinen persönlichen Nutzen, also um das, was ihm das Produkt oder die Dienstleistung bringt. Der Nutzen ist immer subjektiv. *Der Nutzen ist das, was ein individuelles Bedürfnis des Kunden abdeckt.* Gut ist an einem Angebot nur, was der Kunde gut daran findet.

Kurz gesagt: Ein Vorteil ist eine objektive, positive Eigenschaft eines Produkts. Der Nutzen ist das, was das subjektive Bedürfnis des Kunden abdeckt.

Du kannst einen Kunden nur von deinem Angebot überzeugen, wenn du ihm einen persönlichen Nutzen aufzeigen kannst. Wenn dir das nicht gelingt, bleibt dir nur, ihn zu überreden. Überreden bedeutet, den Kunden ohne gute Argumente zu etwas bewegen wollen. Du redest einfach so lange auf ihn ein, bis er so überfahren ist, dass er schliesslich Ja sagt, um dich loszuwerden. Das ist nicht das, was du willst. Denn ein überredeter Kunde kommt nicht zurück – höchstens das Produkt, das er gekauft hat. Ein überzeugter Kunde wird langfristig am Kontakt mit deinem Unternehmen interessiert sein.

Geben wir ein Beispiel zum Unterschied zwischen Vorteil und Nutzen: Der Vorteil des E-Bankings gegenüber dem Zahlungsverkehr am Bankschalter ist, dass die Zahlungen via Internet zu jeder Tageszeit getätigt werden können.

Was ist nun ein möglicher Nutzen für den Kunden? Gegenüber dem berufstätigen Herrn Muster liesse sich das so formulieren: «Herr Muster, das E-Banking schenkt Ihnen Ihre persönliche Unabhängigkeit von den Bank-Öffnungszeiten. Das bedeutet für Sie, dass Sie Ihre Bankgeschäfte flexibel dann erledigen können, wenn der Zeitpunkt für Sie stimmt, z.B. am späteren Abend.»

In diesem Vorteil sieht möglicherweise ein anderer Kunde überhaupt keinen Nutzen. Nehmen wir den pensionierten Kunden, der sich seine Zeit frei einteilen kann und für den der Gang zum Bankschalter Kontaktpflege mit anderen Menschen bedeutet. Ihn wirst du mit dem oben genannten Argument kaum zum E-Banking bewegen können.

Schauen wir uns die Formulierung eines Nutzenarguments genauer an.

Wie werden Nutzen formuliert?

Du verwendest prinzipiell die Sie-Form.

Bei der Nutzenargumentation bist du ganz auf deinen Kunden ausgerichtet, er kommt zuerst. Das signalisierst du, indem du in der Sie-Form sprichst. *Du* bietest ein Produkt oder eine Dienstleistung an, aber dein Kunde soll davon profitieren. Somit musst du den Kunden – und nicht dich selbst oder dein Unternehmen – in den Mittelpunkt stellen.

Du beginnst deinen Satz damit, dem Kunden die Vorteile deines Produkts oder deiner Dienstleistung aufzuzeigen. Dazu verwendest du positiv wirkende Verben wie: **profitieren, sparen, erhalten, können** und so weiter.

Diese positiven Verben vermitteln dem Kunden das Gefühl, dass etwas Gutes auf ihn zukommt. Das negative Verb «müssen» vermeidest du. Etwas müssen ist immer mit einem Zwang verbunden und ruft zwangsläufig eine innere Ablehnung hervor. Also, Kevin, streich die häufig verwendete Floskel «Sie müssen sehen …» genauso wie «Sie müssen doch verstehen …» ein für alle Mal aus deinem Wortschatz!

Positive Formulierungsbeispiele für die Nutzeneinleitung

Folgende Satzteile helfen dir, den Nutzen positiv einzuleiten:

- Sie können …
- Sie dürfen …
- Das ermöglicht Ihnen …
- Sie sparen …
- Sie profitieren …
- Das sichert Ihnen …
- Sie ergänzen damit optimal Ihre …
- Das Produkt senkt Ihre Kosten im Bereich …
- Das verbessert Ihren …
- Das verringert Ihre Kosten …
- Damit sorgen Sie für eine positive …
- Sie reduzieren damit Ihre …
- Sie haben damit den Vorteil, dass Sie …
- Das fördert Ihren …

Geben wir ein Beispiel bis zum besprochenen Punkt:

«Herr Meyer, Sie profitieren von einer kostenlosen Wartung bis Ende des Jahres, wenn Sie sich noch in diesem Monat für das neue System entscheiden.»

Ist dies nun nutzenorientiert formuliert? Die Antwort lautet Nein bzw. noch nicht.

Bis hierher zeigst du deinem Kunden erst einen Vorteil, aber noch keinen tatsächlichen Nutzen auf.

Je detaillierter du mit deinen Fragen und deinem Einfühlungsvermögen die Bedürfnisse, Wünsche und Kaufmotive deines Kunden aufdeckst, desto besser kannst du für den Nutzen argumentieren. Denn jetzt gilt es, die Bedürfnisse und Motive deines Kunden mit den Produkteigenschaften deines Angebots zu verknüpfen. So wird der Vorteil deiner angebotenen Dienstleistung, deines Produkts, zum Nutzen für den Kunden.

Das bedeutet: Um dem Kunden den tatsächlichen Nutzen aufzuzeigen, musst du die Vorteile des Produkts mit etwas verknüpfen, das du vorher in Erfahrung gebracht hast. Diese Verknüpfung gelingt dir am einfachsten, wenn du mit «Das bedeutet für Sie …» fortfährst. Und jetzt kommt der eigentliche Nutzen.

Beispiele für die Überleitung vom Vorteil zum Nutzen

- das bedeutet für Sie …
- das führt dazu, dass …
- das heisst für Sie …

Schauen wir uns das vorangegangene Beispiel mit Herrn Meyer nochmals an:

Wenn du z. B. während des Telefongesprächs herausgefunden hast, dass die Ertragslage deines Kunden im Moment nicht so erfreulich ist und er darum auf das Mitarbeiter-Weihnachtsessen verzichten will, so merkst du dir das. Wenn du das Angebot aussprichst, kannst du hier ansetzen und deinem Kunden einen Nutzen aufzeigen:

«Herr Meyer, wenn Sie sich jetzt für das System entscheiden, wie wir es Ihnen in der Offerte beschrieben haben, profitieren Sie von einer kostenlosen Wartung bis Ende des Jahres. Sie sparen dadurch rund 1600 Franken. Dieses Geld können Sie anders investieren, zum Beispiel in das Weihnachtsessen mit Ihrer Belegschaft.»

Aus der blossen Tatsache der kostenlosen Wartung ist plötzlich nicht nur real gespartes Geld geworden, sondern Herr Meyer hat bereits vor Augen, was das für ihn bedeutet: eine Möglichkeit, das Weihnachtsessen doch noch zu genehmigen. Er sieht in diesem Moment mit hoher Wahrscheinlichkeit bereits seine Mitarbeitenden zufrieden bei Kerzenschein am Tisch sitzen – und das macht auch ihn zufrieden. Du hast es geschafft, ihn auf der emotionalen Ebene anzusprechen. Und es ist die emotionale Seite des Kunden, die kauft, nicht die rationale.

Jetzt fragst du dich möglicherweise: Muss ich dem Kunden wirklich sagen, was er mit seinem Geld anfangen soll? Weiss er das nicht selbst? Sicher, Kevin, das weiss er selbst, wenn er sich darüber Gedanken macht. Du kannst aber die Chance nutzen, deinen Kunden bei diesen Gedankengängen zu unterstützen. Dadurch zeigst du, dass du dir Gedanken über ihn machst, ihm gut zugehört hast. Und, wie gesagt, du sprichst ihn auf einer emotionalen Ebene an. Diese Chance lässt du dir als BestCaller nicht entgehen!

Es lässt sich also festhalten: Erklär deinem Kunden nicht nur die Eigenschaften des Produkts, sondern den Nutzen, den er hat. Je mehr offene Fragen du deinem Kunden im Telefongespräch aus einer Haltung der Neugier und Neutralität heraus gestellt und je besser du zugehört hast, desto mehr Erkenntnisse gewinnst du, um in der Angebotsphase deine Leistungen mit den Bedürfnissen, Wünschen und Kaufmotiven des Kunden zu verknüpfen.

Unterstreich deine Argumente, indem du spiegelst, was du zuvor vom Kunden gehört hast, in unserem Beispiel das in Frage gestellte Weihnachtsessen. Du dokumentierst damit ein Höchstmass an Aufmerksamkeit, Interesse am Kunden und damit Wertschätzung. Zum Thema Kaufmotive findest du übrigens im Angi-Text am Ende dieses Kapitels weiterführende Erläuterungen.

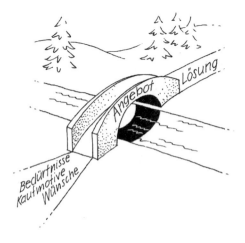

Dein nutzenorientiertes Angebot schlägt die Brücke von den Bedürfnissen, Wünschen und Kaufmotiven des Kunden zur Lösung, die dein Produkt bzw. deine Dienstleistung bringt.

Lass uns zu diesem Thema noch einige Beispiele anfügen:

Bedürfnis/Motiv	Produktevorteil	Nutzen
Das mobile Telefon soll immer und überall dabei sein (Bedürfnis).	Kleinstes Modell auf dem Markt	Frau Dr. Meier, wenn Sie sich für das neue Nokia 123 XY entscheiden, profitieren Sie vom derzeit kleinsten Gerät auf dem Markt. **Es hat in jeder Tasche Platz, und somit sind Sie jederzeit, selbst auf Ihren Wanderungen, für Ihre Patienten erreichbar.**
Kunde braucht Mietwagen für den Wochenendausflug zu einem Chalet in den Bergen (Bedürfnis).	Wagen mit Allrad-Antrieb	Herr Kuster, wenn Sie den Audi Quattro nehmen, haben Sie ein Auto mit Allrad-Antrieb, mit dem Sie auch bei winterlichen Wetterverhältnissen sicher auch die Steigung zum Chalet nehmen können. **Sie brauchen sich also keine Sorgen zu machen, dass Ihr Ferienvergnügen verzögert werden könnte.**
Geschäftsführer brauchen für ihre Aussendienstmitarbeiter ein effizientes und übersichtliches Spesenmanagement (Bedürfnis).	Mit einer Firmen-Kreditkarte erfolgt die Abrechnung einmal monatlich und alle Ausgaben sämtlicher Mitarbeiter sind aufgelistet.	Frau Galli, mit unserer Business Credit Card erhalten alle Ihre Mitarbeiter die Möglichkeit, für sämtliche Auslagen die persönliche Kreditkarte zu benützen. Sie erhalten einmal im Monat einen Auszug, wer was wo bezahlt hat und der Gesamtbetrag wird Ihnen in Rechnung gestellt. **Sie sparen somit viel Zeit und gewinnen sofort den Überblick in Ihrem Spesenmanagement.**
Kunden, die Geld auf der Seite haben, möchten Anlagemöglichkeiten, die rentabler sind als ein Sparkonto (Bedürfnis). Gleichzeitig möchten sie kein hohes Risiko eingehen, das Geld zu verlieren oder nichts zu verdienen (Motiv).	Strukturiertes Produkt hat Verlust-Barriere nach unten	Herr und Frau Weber, ich schlage vor, dass Sie die 25 000 Franken, die Sie auch mittelfristig nicht liquide brauchen, in unser strukturiertes Produkt «Superperform» investieren. Die Kursentwicklung der letzten drei Jahre hat gezeigt, dass es bei einer durchschnittlichen Performance von 5 Prozent liegt. **Dadurch machen Sie deutlich mehr aus Ihrem Geld als auf dem Sparkonto. Und durch die Verlustabsicherung gegen unten können Sie auch bei stürmischem Börsengang immer ruhig schlafen.**
Restaurant-Inhaber möchte umweltbewusst einkaufen (Motiv).	Fisch aus europäischen Gewässern, statt aus Fernost	Herr Wirt, bei uns können Sie Fisch und Krustentiere aus nordeuropäischen Fanggründen beziehen. **Somit vermeiden Sie lange Transportstrecken und leisten damit einen weiteren aktiven Beitrag an den Umweltschutz.**

Jetzt bist du dran: Knöpf dir ein oder zwei der Produkte vor, die du im Moment verkaufst. Notiere, welche Vorteile sie haben, und formuliere Nutzenargumente.

Vorteil:	Möglicher Nutzen:

Vom Motiv zum Kauf – Was Kunden bewegt

Es ist eine Tatsache, deren du dir sicher genauso bewusst bist wie ich, Kevin: Produkte und selbst Dienstleistungen werden einander immer ähnlicher. Um das Bedürfnis eines Kunden abzudecken, kommen meist die Produkte zahlreicher Anbieter in Frage. Dass du zufällig zu den Glücklichen gehörst, die etwas absolut Einzigartiges zu verkaufen haben, ist sehr unwahrscheinlich. Und selbst wenn es heute noch so wäre, gäbe es schon in kurzer Zeit ein Wettbewerbsunternehmen, das mit einem ähnlichen Angebot auf den Markt käme.

Schauen wir uns ein konkretes Beispiel an. Stell dir vor, ein Mann möchte ein Auto kaufen. Der Grund dafür ist, dass er ein Transportmittel braucht, das ihn zuverlässig von A nach B bringt. Da zwischen A und B eine grössere Distanz liegt, kommt ein Fahrrad nicht in Frage. Ausserdem möchte er während der Fahrt ein Dach über dem Kopf haben. Die öffentlichen Verkehrsmittel decken sein Bedürfnis nach der individuellen Gestaltung seines Zeitplans nicht ab. Deshalb also das Auto.

Wir sind uns sicher einig, dass die Bedürfnisse «in nützlicher Zeit eine grössere Wegstrecke zurücklegen», «ein Dach über dem Kopf haben» und «den Zeitpunkt der Fahrt selbst bestimmen können» von den allermeisten Automodellen abgedeckt werden. Selbst wenn wir einen gewissen finanziellen Budgetrahmen abstecken, bleiben immer noch mindestens zwanzig Automodelle im Rennen.

Aus welchem Grund entscheidet sich unser Käufer letztlich für einen roten Alfa Romeo und nicht für einen ockergelben Opel? Die Bedürfnisse des Käufers würden auf den ersten Blick beide Autos abdecken. Aber: Männer kaufen kein Auto, sondern ein Lebensgefühl. Genauso wie Frauen keine Kosmetika kaufen, sondern Schönheit. Was soll das heissen? Neben den Bedürfnissen spielt beim Kaufentscheid noch etwas anderes eine Rolle: die Motive des Kunden.

Motive sind die inneren Antreiber der Menschen, die Beweggründe menschlichen Handelns.

In der Psychologie werden fünf Grundmotive unterschieden (auf der Basis von Abraham Maslows Modell aus der Mitte des 20. Jahrhunderts):

1. *Physiologische Bedürfnisse (Essen, Trinken, Kleidung, Wohnen)*
2. *Sicherheitsbedürfnisse (Schutz vor Bedrohung, Existenzsicherheit)*
3. *Soziale Bedürfnisse (Zugehörigkeit, Geborgenheit, Freundschaft, Liebe)*
4. *Anerkennungsbedürfnisse (Achtung, Wertschätzung, Status)*
5. *Bedürfnisse der Selbstverwirklichung (persönliche Entfaltung, Ausschöpfung des eigenen Potenzials)*

In Anlehnung an diese Grundmotive hat die Werbeforschung sieben Kaufmotive festgestellt (Die Auflistung spiegelt nicht die Wichtigkeit der Motive):

1. *Gesundheit*
2. *Bequemlichkeit und Komfort*
3. *Sicherheit*
4. *Geld sparen (reicher werden)*

5. *Ansehen, Prestige, Status*
6. *Soziales Engagement*
7. *Neugier und Entdeckung*

Im Gegensatz zu Bedürfnissen, die häufig spezifisch für eine bestimmte Situation sind, ändern sich unsere Motive in der Regel nur selten. Für eine Person, der Sicherheit wichtig ist, wird dieses Kaufmotiv sowohl beim Kauf eines Autos als auch beim Abschluss eines Finanzierungsvertrags für das Eigenheim eine Rolle spielen. Wenn einer Person soziales Engagement etwas bedeutet, wird sich diese Einstellung nicht von heute auf morgen ändern. Sie wird sich also ebenfalls mit hoher Wahrscheinlichkeit sowohl für die Fair-Trade-Bananen entscheiden als auch für die Bankkarte, die wegen einer höheren Jahresgebühr ein Projekt für Jugendliche unterstützt.

Häufig ist nicht nur ein einziges Motiv ausschlaggebend für den Kaufentscheid, sondern mehrere zugleich.

Unser Mann aus dem obigen Beispiel wird möglicherweise sowohl vom Motiv «Sicherheit» als auch vom Motiv «Ansehen, Status» angetrieben, sich für den neuen Alfa Romeo zu entscheiden.

Was bringt es dir in deiner verkäuferischen Tätigkeit, die Motive des Kunden in Erfahrung zu bringen? Ganz einfach: Du kannst deine Argumente nicht nur auf die – oft eher rationalen – Bedürfnisse deiner Kunden abstimmen, sondern auch auf ihre emotional geprägten Motive. Damit erhöhst du deine Chance für den Abschluss und zugleich für erfolgreiches CrossSelling. Denn wie gesagt, die Motive verraten dir etwas über den allgemein gültigen Handlungsantrieb deines Kunden. Der statusbewusste Autokäufer ist möglicherweise auch für die eleganten Alufelgen zu begeistern. Der sicherheitsbewusste Kunde lässt sich dafür vom Einbau eines Navigationssystems überzeugen, dank dessen er sich sicher nie mehr verfährt und zu spät zu einem wichtigen Termin kommt.

So gesehen lohnt es sich doch, dem Kunden ein paar weiterführende Fragen zu stellen. Was meinst du, Kevin?

Kevins Lerntagebuch:

- *Vorteile sind etwas Objektives. Zu Nutzen werden sie erst, wenn ich sie mit dem individuellen Bedürfnis des Kunden verknüpfe.*
- *Beim nutzenorientierten Angebot steht nicht das, was ich anbiete, im Zentrum, sondern der Kunde selbst mit seinen Bedürfnissen und Wünschen.*
- *Die Brücke zwischen meinem Produkt und dem Bedürfnis des Kunden schlage ich durch mein nutzenorientiertes Angebot.*
- *Nutzenorientiertes Argumentieren ist die hohe Kunst des Verkaufens. Damit ich wirklich nutzenorientiert argumentieren kann, muss ich die Bedürfnisse und Kaufmotive meines Gesprächspartners kennen. Diese bringe ich durch meine offenen Fragen in Erfahrung.*
- *Je besser es mir gelingt, meinen Kunden auf der emotionalen Ebene seiner Kaufmotive anzusprechen, umso eher kann ich ihn von einem Nutzenargument überzeugen.*

Einwandbehandlung

Wie gehe ich mit dem «Aber» des Kunden um?

Einwände signalisieren, dass der Kunde mit der vorgeschlagenen Lösung gar nicht oder teilweise nicht einverstanden ist. Das ist zwar auf den ersten Blick nichts Positives, bei näherem Hinsehen ist ein Einwand aber durchaus ein Grund, sich zu freuen. Denn der echte Einwand ist ein Kaufsignal. Der Kunde signalisiert damit, dass er prinzipiell an dem angebotenen Produkt oder der Dienstleistung interessiert ist. Es gibt lediglich noch einen offenen, unklaren oder noch nicht zufrieden stellenden Punkt beim Angebot. Wenn der Kunde überhaupt kein Interesse hätte, würde er keinen Einwand bringen, sondern direkt ablehnen. Bin ich mit einem notorischen Nein-Sager konfrontiert, merke ich das meist, bevor ich das Angebot ausspreche. Da helfen alle Argumente nicht weiter. Ich muss, wie im Kapitel «Fragetechnik» beschrieben, die Beziehungsebene ansprechen.

Umgang mit Vorwänden
→ Kapitel 4
S. 143

Fragetechnik, Hypothetische Frage
→ Kapitel 3
S. 85

Wie entkräftest du Einwände?

Um Einwänden zu begegnen, gibt es ein einfaches und wirkungsvolles Vorgehen: Leite dein Argument mit einer Quittung ein, argumentiere und stelle eine Abschlussfrage. Schauen wir uns das Schritt für Schritt an.

Schritt 1: Quittung (Q)

Als Erstes zeigst du Verständnis für die Bedenken des Kunden. Du bringst Wertschätzung zum Ausdruck und lässt ihn spüren, dass du ihn ernst nimmst und dir seine Anliegen wichtig sind. Hier einige Beispiele für Quittungen:

- «Danke für diese Ergänzung.»
- «Diesen Gedanken kann ich verstehen.»
- «Ich sehe Ihre Bedenken.»
- «Ihre Frage ist berechtigt.»

- «Ihre Befürchtungen sind verständlich.»
- «Offen gestanden habe ich nicht mit diesen Bedenken gerechnet. Ich kann nachvollziehen, was Sie meinen.»

Aufgepasst bei der Formulierung «Da haben Sie Recht». Das kann zwar in manchen Fällen eine passende Quittung sein, in anderen Fällen ist es aber ein Eigentor. Stell dir vor, der Kunde sagt: «Na, also der Preis ist ja wirklich sehr hoch!» Wenn du jetzt reagierst mit «Da haben Sie Recht», bestätigst du den Kunden in seiner negativen Meinung. Das kann nicht in deinem Sinn sein.

Wenn du dir angewöhnst, auf einen Einwand mit einer Quittung zu reagieren, dann passiert es dir nie, dass du auf den Einwand direkt mit Argumenten konterst und dem Kunden so widersprichst.

Der grösste Fehler im Umgang mit Einwänden besteht in der Widerrede.

Schritt 2: Argument (A)

Im zweiten Schritt geht es darum, die Bedenken deines Kunden zu zerstreuen. Das gelingt dir am besten mit einem nutzenorientierten Argument. Du beleuchtest das Ganze aus einem anderen Blickwinkel. Zu beachten ist dabei: Erschlag deinen Kunden nicht mit mehreren Argumenten gleichzeitig. Wähl das Argument, das dir für den vorliegenden Einwand am stichhaltigsten erscheint. Ein Argument ist schlicht und einfach besser zu verkraften als eine ganze Salve.

Nutzen-
argumentation
➡ Kapitel 4
S. 125

> *Ein* Argument bringen und dann umgehend die Abschlussfrage stellen.

Schritt 3: Abschlussfrage (AF)

Die Abschlussfrage ist ein unverzichtbarer Bestandteil der kompetenten Einwandbehandlung. Die Frage im Anschluss an dein Argument sorgt dafür, dass der Kunde über das, was du gesagt hast, nachdenkt. Der Kunde soll zu deinem Argument Stellung nehmen. Du möchtest ja wissen, ob dein Argument überzeugen konnte oder nicht.

Im positiven Fall bekommst du jetzt eine Zusage des Kunden. Im negativen Fall sagt dir der Kunde klar, dass er immer noch nicht überzeugt ist. Jetzt weisst du zumindest, wo du stehst, und kannst einen neuen Anlauf nehmen.

Fragetechnik
➡ Kapitel 3
S. 82

Entscheidend ist, dass du von der Quittung bis zur Abschlussfrage keine Sprechpause machst. Denn eine Sprechpause fordert den Kunden auf, etwas zu erwidern – im schlechtesten Fall, mit einem neuen Einwand nachzudoppeln, bevor er über dein Argument nachgedacht hat.

Und dann noch etwas: das kleine fatale «Aber».

Es kommt so leicht über die Lippen, besonders gern als «Ja, aber». Was richtet dieses Wörtchen an? Es widerspricht deiner eben in der Quittung ausgesprochenen Wertschätzung. «Ich verstehe Sie, aber …» heisst im Klartext: «Nein, ich verstehe Sie nicht.» «Aber» ist eine Verneinung. Übrigens, «es ist eben so», «nur», «jedoch» und «trotzdem» sind kein guter Ersatz für das «aber». Sie haben dieselbe negative Wirkung. Fragst du dich gerade, was du stattdessen sagen sollst? Die Antwort lautet: nichts dergleichen. In den meisten Fällen kannst du das «Aber» einfach weglassen, und der Satz funktioniert genauso gut. Zur Veranschaulichung findest du auf den folgenden Seiten einige Beispiele für professionelle Einwandbehandlungen.

Einwände und die Gegenfrage

Eine Alternative zur Strategie Quittung – Argument – Abschlussfrage ist, nach der Quittung eine Gegenfrage zu stellen.

Zum Beispiel reagierst du auf den Einwand «Ihre Lieferfrist ist zu lang.» mit «Frau Huber, ich verstehe, dass die Lieferfrist für Sie ein zentrales Thema ist. Was ist für Sie der späteste mögliche Termin für die Lieferung?».

Geben wir ein weiteres Beispiel. Der Einwand lautet: «Ihr Mitbewerber hat günstigere Preise.» Hier kannst du dir mit folgender Gegenfrage Klarheit darüber verschaffen, ob nicht Äpfel mit Birnen verglichen werden: «Ich kann gut nachvollziehen, dass der Preis für Sie sehr wichtig ist. Welche Leistung genau bekommen Sie beim Mitbewerber für welchen Preis?»

Die Gegenfrage sorgt dafür, dass der Kunde seinen Einwand weiter ausführt. Es kann sein, dass du aufgrund seiner Antwort merkst, dass der gebrachte Einwand harmlos oder unbegründet ist. Vielleicht liefert dir der Kunde mit seiner Begründung sogar neuen Stoff für deine Entkräftung.

Übungsbeispiele für die Einwandbehandlung

Eine professionelle Einwandbehandlung schaffst du normalerweise nicht aus dem Stand. Dafür ist viel Übung notwendig. Am besten fängst du gleich damit an. Überleg dir, welche Einwände du von deinen Kunden schon gehört hast. Oder welche Einwände Kunden vorbringen könnten, wenn du versuchst, ihnen eine neue Dienstleistung oder ein neues Produkt zu verkaufen. Du kannst sie in der nachfolgenden Tabelle notieren.

Mögliche Einwände meiner Kunden:

Bevor du dir jetzt überlegst, wie du mit diesen Einwänden umgehst, bekommst du nachfolgend noch einige reale Beispiele aus verschiedenen Branchen. Lass dich durch diese Ideen für deine eigene Einwandbehandlung inspirieren.

Einwand 1:
Das möchte ich jetzt nicht am Telefon entscheiden.

Q   Herr Müller, dafür habe ich Verständnis.

A   Dazu habe ich folgenden Vorschlag für Sie: Gerne nimmt sich einer unserer Kundenberater Zeit für ein persönliches Gespräch. Dann können Sie alle Details und offenen Fragen direkt mit ihm besprechen und sich ein noch besseres Bild unserer Leistung machen.

AF Wann haben Sie in der nächsten Woche Zeit für einen Termin? Passt es Ihnen am Dienstagmorgen oder besser am Donnerstagnachmittag?

Einwand 2:

Das ist aber teuer!

Q   Ich kann verstehen, dass Ihnen der Preis im ersten Moment hoch erscheint.

A   Dieses Telefon deckt dank der Quadband-Technologie die von Ihnen bereisten Länder ab. Dadurch sparen Sie jeweils die Miete eines Ersatzgerätes in diesen Ländern. Somit sind die Mehrkosten schon nach Ihren nächsten beiden Reisen amortisiert.

AF Wenn Sie diese Vorzüge berücksichtigen, wie denken Sie dann über Ihr mögliches neues Telefon? Darf ich es Ihnen zukommen lassen?

Einwand 3:

Im Moment habe ich kein Interesse.

Q   Ich verstehe, dass unser Produkt auf Ihrer Prioritätenliste im Moment nicht an oberster Stelle steht.

A   Damit Sie sehen, was Ihnen dieses Produkt bringen kann, möchte ich es Ihnen gerne in zwei, drei Minuten näher erläutern. Für Sie ist es die Gelegenheit, neue Perspektiven für Ihr eigenes Dienstleistungsangebot zu bekommen und damit Ihren Geschäftsumsatz zu erhöhen.

AF Geben Sie mir einen Augenblick Zeit, damit Sie ein interessantes neues System kennenlernen?

Einwand 4:

Ich habe keine Zeit für einen Besuch!

Q   Ich verstehe, dass Sie im Moment sehr beschäftigt sind.

A   Gerade im Hinblick auf Ihre knappe Zeit möchte Ihnen mein Aussendienst-Kollege die Neuerung gerne persönlich vorstellen. So können Sie alle Fragen direkt stellen und bekommen sofort eine Antwort. Somit sparen Sie Zeit, da Sie die Informationen nicht selbst zusammensuchen müssen.

AF Wann darf er bei Ihnen vorbeikommen? Ich sehe in seinem Outlook, dass diese Woche der Freitagvormittag oder der Montagvormittag nächste Woche gut möglich wäre.

Einwand 5:
Mit Ihren Anlieferungszeiten sind Sie einfach zu unflexibel und zu reglementiert.

Q   Ich verstehe, dass es für Sie nicht ideal ist, wenn unser Verladeplatz schon um 16.30 Uhr schliesst.

A   Sie profitieren von unserer Garantie, dass Sendungen, die bis 16.30 Uhr angeliefert werden, noch am gleichen Tag weitergeschickt werden. Bei späteren Auslieferungen wird die Sendung am Folgetag bis 9.00 Uhr ankommen. Wenn eine Sendung einmal nicht diese Dringlichkeit hat, können Sie sie am anderen Morgen bringen. Wir garantieren Ihnen, dass sie innerhalb von vier Stunden ankommt.

AF   Was halten Sie von diesen Varianten?

Einwand 6:
Ich möchte keine weiteren Börsengeschäfte tätigen, weil ich in den letzten Monaten schlechte Erfahrungen mit den gefallenen Aktienkursen gemacht habe.

Q   Herr Tell, ich verstehe, dass Ihnen die Lust vergangen ist, in Aktien zu investieren.

A   Die Börse ist im Moment in einem Tief. Gerade deshalb können Sie jetzt von tiefen Einstandspreisen profitieren. Die Aktien einiger erfolgreicher Firmen sind derzeit stark unterbewertet und die wirtschaftlichen Aussichten sind positiv. Sie haben also jetzt die Chance, mit den 100 000 Franken auf Ihrem Sparbuch in den nächsten Jahren eine deutlich höhere Rendite zu erzielen. Das wird Sie Ihrem Traum von einem Ferienhäuschen im Tessin näher bringen.

AF   Was meinen Sie dazu?

Kundenorientiertes
Telefonieren
➡ Kapitel 1
S. 35

Weitere Einwandbehandlungen findest du auch am Schluss dieses Kapitels, wenn es um das Thema Telefonleitfaden geht.

Einwandbehandlung ist eine Kunst. Das Schöne dabei ist: Du kannst sie lernen! Übung macht den Meister. Benutz das Raster auf der folgenden Seite als Kopiervorlage, um Antworten für deine oben gesammelten Kundeneinwände zu notieren.

Beispiel-Leitfäden
➡ Kapitel 4
S. 169

Einwand:

Q	
A	
AF	

Es geht nicht darum, deine Antworten nachher auswendig zu lernen und sie beim nächsten Kundentelefonat eins zu eins aufzusagen. Es ist eine Vorbereitung und ein Schlagfertigkeits-Training. Die schriftliche Formulierung zwingt dich dazu, die Einwandbehandlung gut zu überdenken. Dann sprichst du sie am besten ein paarmal laut vor dich hin – oder noch schöner: Du übst zusammen mit Jenny. Beim Aussprechen wirst du merken, ob die Einwandbehandlungen griffig und nicht zu kompliziert sind. Du kannst sie so lange umschreiben, bis du wirklich deine eigenen Worte gefunden hast, Worte, die zu dir passen und mit denen du dich sicher fühlst.

Es ist nicht genug zu wissen, man muss auch anwenden. Es ist nicht genug zu wollen, man muss auch tun.

Johann Wolfgang von Goethe

Wenn du dann einen Kunden am Telefon hast, der den vorbereiteten oder einen ähnlichen Einwand bringt, wird es dir leichter fallen, die Struktur der Einwandbehandlung automatisch abzurufen und die passenden Worte zu finden – und somit den Einwand als Verkaufschance zu nutzen!

Es geht dir hier wie dem Tennisspieler, der sich auch nicht erst dann überlegen kann, wie er den Ball des Gegners spielen will, wenn er schon mit 200 km/h auf ihn zusaust. Die wenigen Sekundenbruchteile, die ihm bleiben, auf den Ball zu reagieren, reichen nur dafür, einen verinnerlichten Bewegungsablauf abzurufen. Damit das klappt, muss er diesen Bewegungsablauf im Training tausende Male geübt haben.

Trotz allen Trainings: Denk daran, Kevin, es gibt kein hundertprozentiges Erfolgsrezept für den Umgang mit Einwänden, das dir garantiert, dass jeder Kunde am Schluss zu deinem Angebot Ja sagt. Es gehört zum professionellen telefonischen Kundenkontakt, auch mit der Absage eines Kunden leben zu können. Schliesslich möchtest du niemandem etwas aufzwingen, sondern dem Kunden nur verkaufen, was er wirklich braucht.

Entscheidend ist, dass du den Mut hast, Einwände nicht einfach hinzunehmen, sondern sie zu entkräften. Wenn sich nur einer von zehn Kunden von deinem Argument überzeugen lässt, hat sich der Einsatz allemal gelohnt.

Umgang mit Vorwänden

Neben dem Einwand gibt es noch den Vorwand. Er klingt sehr ähnlich, wird aber aus ganz anderen Beweggründen ausgesprochen. Ist bei einem Einwand noch ein Kaufinteresse da, so ist dies bei einem Vorwand nicht der Fall. Der Vorwand ist etwas, das der Kunde vorschiebt, um nicht direkt Nein zu deinem Angebot sagen zu müssen. Ein typischer Vorwand kann die Aussage sein: «Ich muss es mir nochmals überlegen.» Sei mal ehrlich, Kevin: Hast du das nicht selbst schon mal gesagt, wenn der Verkäufer oder die Verkäuferin in einem Laden dir mehrere Sachen gezeigt hat, dir am Ende aber nichts gefallen hat? Zu sagen «Es tut mir leid, mir gefällt kein Paar Schuhe, das Sie im Angebot haben» fällt den meisten Menschen schwer. Da ist es einfacher – und wirkt für einen selbst höflicher –, sich mit einem «Danke, ich überleg's mir noch mal» elegant aus der Affäre zu ziehen. Die meisten Kunden, die einen Laden mit diesen Worten verlassen, kommen nicht mehr zurück.

Wie findest du heraus, ob du es mit einem Einwand oder einem Vorwand zu tun hast? Hier dient dir die hypothetische Frage, die du bereits im Kapitel 3 unter «Fragetechnik» kennengelernt hast.

Fragetechnik
➡ Kapitel 3
S. 82

Geben wir dazu ein Beispiel. Der Kunde reagiert auf dein Angebot mit dem Satz: «Das ist mir zu teuer.» Um herauszufinden, ob du es mit einem Vorwand zu tun hast, stellst du jetzt die hypothetische Frage: Angenommen, Sie hätten das finanzielle Budget für diese Anschaffung, würden Sie sich dann für das System entscheiden, mit dem guten Gefühl, dass es Ihre Bedürfnisse abdeckt?

Wenn die Aussage des Kunden ein echter Einwand gewesen wäre, d. h., wenn der Preis wirklich das Einzige ist, was ihn vom Kauf abhält, müsste er die Frage bejahen. Tut er dies nicht, sondern flüchtet er sich in eine weitere, unkonkrete Aussage, hast du es mit einem Vorwand zu tun.

Jetzt gibt es nur eins: Dem Kunden deinen Eindruck klar mitteilen. Zum Beispiel: «Frau Sager, ich habe das Gefühl, dass ich Sie noch nicht überzeugen konnte. Woran liegt das?»

Wenn du eine solche Situation nicht umgehend klärst, läufst du Gefahr, unnötige Zeit am Telefon zu verlieren, ohne ein konkretes Resultat zu erzielen.

Wenn ich beim Kunden Widerstand auslöse – Das Phänomen Reaktanz

Wenn ein Kunde einen Einwand hat, lautet die oberste Regel für dich: ihn ernst nehmen! Es ist völlig egal, ob der Einwand berechtigt oder unberechtigt ist. Wenn der Kunde einen Einwand bringt, zeigt das, dass irgendetwas für ihn noch nicht stimmig ist. Und diesen Eindruck kannst du nicht einfach vom Tisch wischen, selbst wenn der Kunde sich tatsächlich täuschen sollte.

Angenommen, du sagst in einem solchen Moment: «Da täuschen Sie sich, Herr Meier. In Wirklichkeit ist die Handhabung unseres E-Banking-Systems sogar noch benutzungsfreundlicher als das Ihrer derzeitigen Hauptbank.» Dann fühlt sich der Kunde mit seinem Einwand nicht ernst genommen. Er wird deine Argumentation jetzt nicht akzeptieren, selbst wenn sie objektiv betrachtet noch so einleuchtend ist. Stattdessen wird er mit Widerstand reagieren.

Dieser Widerstand wird umso grösser, je mehr er das Gefühl bekommt, dass du ihn zu etwas bewegen willst, das er nicht möchte. Das psychologische Fachwort für diese Reaktion heisst Reaktanz.

Reaktanz wird durch den unwillkürlichen Instinkt des Menschen ausgelöst, seine persönliche Freiheit zu verteidigen. Dazu gehört auch die Meinungsfreiheit. Deshalb reagieren wir auf Überzeugungsversuche, die mit Druck einhergehen, mit noch mehr Ablehnung, als wir tatsächlich empfinden. Oft fühlen wir uns sogar veranlasst, genau das Gegenteil von dem zu tun, was unser Gegenüber von uns möchte.

Besonders schnell löst du beim Kunden Reaktanz aus, wenn du etwas angreifst, das er bereits besitzt. Wenn du ihm zum Beispiel zeigen möchtest, wie viel zeitaufwendiger seine bisherige Lösung, Briefe zu frankieren, im Vergleich zu deinem neuen Angebot ist.

Hier kommt das psychologische Phänomen des «Eigentümer-Effekts» (im Fachjargon: Mere Ownership Effect) zum Tragen. Wir Menschen beurteilen im Sinne von «Was mir gehört, ist gut». Es lässt sich wissenschaftlich nachweisen, dass wir Dinge, die wir besitzen, tendenziell positiver bewerten als vergleichbare Produkte, die uns nicht gehören.

Das liegt daran, dass unsere Besitztümer einen Teil unserer persönlichen Identität ausmachen. Manche Produkte kaufen wir nicht nur, weil sie uns gefallen oder wir sie brauchen, sondern weil die Tatsache, dass wir sie besitzen, etwas über uns aussagt. In der Regel etwas Positives. Wir wirken dynamisch, wenn wir ein Cabrio fahren. Wir sehen intelligenter aus durch die Form unserer Brille. Wir sind mutig, wenn wir zum Bungeejumping gehen, und so weiter. Diese Verknüpfung eines Produktes mit einem positiven Image fördert die Werbung unaufhörlich.

Wenn also unser Eigentum ein Teil unseres Selbst ist, ist es einleuchtend, dass wir dieses Selbst verteidigen. Da kann nicht einfach irgendjemand kommen und behaupten, sein Produkt sei besser als mein altes!

Je heftiger du im Telefonverkauf die Vorzüge deines Angebots gegenüber der derzeitigen Lösung des Kunden vertrittst, desto schlechter wird die Meinung des Kunden über dich und dein Produkt oder deine Dienstleistung. Das ist keine rationale Überlegung, sondern reine Selbstverteidigung.

Was kannst du also tun? Mit deiner Argumentation darfst du ein Produkt oder eine Meinung deines Kunden nicht angreifen. Das ist bei der Einwandbehandlung ganz entscheidend. Konzentriere dich nicht darauf, was an der Position des Kunden nicht so gut oder nicht richtig ist, sondern fokussiere – so wird es dann auch der Kunde tun – die positiven Aspekte deines Angebots. Wenn du das überzeugend machst, gibt der Kunde seine alte Lösung irgendwann freiwillig auf.

Kevins Lerntagebuch:

- *Ich könnte ja schon gut auf Einwände meiner Kunden am Telefon verzichten. Aber ich habe verstanden, dass Einwände echte Chancen sind, den Kunden zu überzeugen.*

- *Wenn der Kunde einen Einwand bringt, darf ich nicht gleich argumentativ dagegenschiessen. Zuerst zeige ich ihm mit meiner Quittung Verständnis und Wertschätzung. Dann ist der Kunde auch bereit mir zuzuhören.*

- *Die hypothetische Frage ist das Instrument in meinem Werkzeugkasten, das Vorwände entlarvt. Zum Glück habe ich letzte Woche in der Fragetechnik gut aufgepasst!*

- *Ich weiss selbst, dass mein Golf GTI schon bessere Tage gesehen hat. Wenn aber jemand eine abfällige Bemerkung macht, reagiere ich ganz schön heftig. So geht es dem Kunden auch, wenn ich sein bisheriges Produkt gegenüber meinem Angebot alt aussehen lasse.*

Die Abschlusstechnik beherrschen

Wie stelle ich die entscheidende Frage?

Nur durch Verkaufsabschlüsse kann ein Unternehmen existieren. Der Abschluss ist das Ziel aller Marketing- und Verkaufsaktivitäten. Der grösste Aufwand, die gewissenhaftesten Vorbereitungen, die beste Beratung und alle Nutzenargumente bringen dir nichts, wenn du im Kundenkontakt nicht den Abschluss anstrebst. Der Verkauf krönt die Beratung.

Beim Abschluss gilt es, den richtigen Moment abzuwarten. Dieser ist gekommen, wenn du vom Kunden Kaufsignale wahrnimmst. Aber wie nimmst du solche Signale wahr?

Am Telefon ist dies bedeutend schwieriger als von Angesicht zu Angesicht. Weshalb? Wenn du die Kundin oder den Kunden vor dir hast, siehst du möglicherweise ein Leuchten in den Augen. Der Kunde will das Produkt nicht mehr aus den Händen geben, er beginnt, damit zu spielen, in der neuen Kleidung vor dem Spiegel herumzutänzeln. Er will aus dem Auto nicht mehr aussteigen. All dies sind Erfahrungen, die du selbst sicher auch irgendwann einmal schon gemacht hast.

Wie sieht das nun am Telefon aus? Kaufsignale können Fragen zum Produkt, zur Anwendung oder zum Preis sein. Du bekommst Zustimmung des Kunden oder du *hörst* ein Lächeln. Durch geschicktes Hinterfragen bekommst du Antworten, die Lust auf das Produkt zum Ausdruck bringen. Wenn du diese Signale wahrnimmst, gilt es zuzuschlagen: Du stellst nett, charmant und höflich deine Abschlussfrage.

Die Abschlussfrage will selbstbewusst und überzeugend gestellt sein. Ein Zögern in deiner Stimme wird beim Kunden das Gefühl auslösen, dass das Angebot nicht so toll sein kann, wenn du dich schon nicht recht traust, es auszusprechen. Wenn du wirklich überzeugt bist, dass dein Angebot für den Kunden das richtige ist, zeigst du ihm das, indem du ihm die Abschlussfrage mit fester und freundlicher Stimme stellst – und ihm dann mit erwartungsvollem Schweigen signalisierst, dass du auf seine Antwort gespannt bist.

Diese Antwort kann nun positiv oder negativ ausfallen. Wenn der Kunde zu deinem Angebot Ja sagt: Herzlichen Glückwunsch!

Wenn er Nein sagt: Nimm es gelassen. Absagen gehören genauso zum Verkauf wie Zusagen.

Es ist eine Eigenart der menschlichen Psyche, dass wir Angst vor negativen Antworten haben. Das darf dich nicht davon abhalten, die Abschlussfrage zu stellen. Eine negative Antwort ist besser als Ungewissheit.

Wenn du keine verbindliche Abschlussfrage stellst, arbeitest du für die Konkurrenz! Denn dein Mitbewerber wird die Abschlussfrage stellen, und die Chance ist gross, dass er darauf eine positive Antwort bekommt.

Also noch mal, das Wichtigste ist: Hab den Mut, die Abschlussfrage zu stellen! Hab keine Angst, den Kunden zu fragen, ob er einverstanden ist und kaufen möchte. Dies gehört zu deinem Job, es ist deine tägliche persönliche, sportliche Herausforderung. Wenn du das schaffst, dann wirst du bald ein BestCaller sein.

> Das Wichtigste für den Abschluss ist, dass du den Mut hast, die Abschlussfrage klar und unverblümt zu stellen.

Beispiele für gekonnte Abschlussfragen am Telefon:
- «Gefällt Ihnen dieser Vorschlag, darf ich die Bestellung auslösen?»
- «Was sagen Sie zu dieser Lösung?»
- «Soll ich die Lieferung initialisieren, damit Sie nächste Woche alles bereinigen können?»
- «Welche Fragen sind noch offen, die Sie abhalten, mir heute zuzusagen?»
- «Wie gefällt Ihnen dieser Vorschlag, kann ich mit Ihrem Einverständnis rechnen?»
- «Wie soll die Lieferung erfolgen, per Post oder Kurier?»
- «Wollen Sie diese oder nächste Woche beginnen?»
- «Haben Sie noch genügend am Lager oder soll ich Ihnen eine Teilmenge vorab liefern?»
- «Wie viel Kapital möchten Sie in diesen Fond investieren?»

Wie überzeugst du deinen Gesprächspartner?

Als BestCaller gehört es zu deinen Kernkompetenzen, Kunden überzeugen zu können. Davon, dass dein Angebot genau das richtige für sie ist, und ausserdem von den Produkten und den Serviceleistungen deines Unternehmens. Nicht zuletzt überzeugst du selbst als kompetenter Gesprächspartner. Was sind die Einflussfaktoren, die entscheiden, ob du überzeugend bist oder nicht? Wie kannst du deine Überzeugungskraft stärken?

*Hierzu wurde viel geforscht. Die **Erfolgsrezepte** zum Thema Überzeugen, die für dich als CallCenter-Agent wichtig sind, habe ich im Folgenden zusammengetragen.*

1. Liebenswürdigkeit

Wir sind schneller bereit, jemandem zuzustimmen, der uns sympathisch ist. Das hast du vielleicht selbst schon in deinem Privatleben gemerkt. Es gilt auch für deine Arbeit am Telefon: Wenn du einem Kunden sympathisch bist, erhöht sich die Wahrscheinlichkeit, dass er dir zustimmt. Wie erreichst du, dass du sympathisch wirkst? Die wichtigsten Sympathiefaktoren sind: eine freundliche Stimme, Lächeln, Verständnis und Interesse zeigen. Dabei gilt natürlich immer: Sei ehrlich und authentisch! Übertreib es nicht, z. B. indem du dem Kunden schmeichelst!

2. Guter Eindruck

Jemand, der auf uns einen guten Eindruck macht, ist für uns vertrauens- und glaubwürdiger. Den Eindruck erhalten wir über die Wertvorstellungen, die wir bei unserem Gegenüber erkennen. Deine Aufgabe ist es also, dem Kunden die positiven Werte deines Unternehmens zu vermitteln. Formulierungen können z.B. sein: «uns ist wichtig ...», «bei uns können Sie sich darauf verlassen, dass ...» und «ich sage es Ihnen ganz offen ...». Auch die Erwähnung anderer zufriedener Kunden oder positiv verlaufener Projekte hilft dem Kunden, sich ein Bild zu machen.

3. Expertise

*Experten wirken überzeugend. **Experte** ist in diesem Fall jemand, der den Eindruck macht, dass er weiss, wovon er spricht. Der*

Kunde will sich bei dir in guten Händen fühlen und sich darauf verlassen, dass deine Äusserungen Hand und Fuss haben. Klar, Experte kann man nicht vom ersten Arbeitstag an sein. Aber du kannst etwas dafür tun, dass du kompetent wirkst und auch bist! Nämlich dich vorbereiten! Stell sicher, dass du auf alle Informationen schnell Zugriff hast; überleg dir vor einem Gespräch, was der Kunde möglicherweise fragen oder einwenden könnte, und prüfe, ob du eine Antwort darauf hast. Falls nicht, frag bei deinen erfahreneren Kollegen nach.

4. Mehrstufige Angebote

Oft ist es hilfreich, dem Kunden nicht gleich mit einem sehr umfangreichen oder kostspieligen Angebot mit der Tür ins Haus zu fallen. Besser ist es, erst mal einen Fuss in die Tür zu stellen (dieses Vorgehen heisst in der Wissenschaft tatsächlich Foot-in-the-door-technique). Konkret bedeutet das, zuerst ein **kleines** Angebot zu unterbreiten, z.B. ein Produkt für 14 Tage zum Test oder eine Gratis-Probe mit Infomaterial zu schicken. So kann sich der Kunde langsam mit dem Produkt anfreunden und sich selbst davon überzeugen, ob es seinen Vorstellungen entspricht, bevor er das **grosse Angebot kauft.**

5. Nicht manipulieren!

Was ist Manipulation? Das Wort kommt von den lateinischen Wörtern manus = Hand und pellere = antreiben. Es bedeutet also, dass man einen anderen in eine Richtung drängt, in die er gar nicht möchte; dass man ihn absichtlich, und ohne dass er es richtig merkt, zu einer Entscheidung treibt. Oft steckt eine nicht ganz ehrenwerte Absicht dahinter.

Wer überzeugen will, darf nicht manipulativ wirken. Sonst läuten beim Gegenüber die Alarmglocken und es schliesst innerlich alle Türen. Wir trauen Leuten nicht, von denen wir glauben, dass sie uns zu etwas überreden wollen – zu Recht! Das bedeutet für dich: Sei gut vorbereitet mit stichhaltigen Argumenten und biete deinem Kunden nur etwas an, hinter dem du ehrlich stehst!

6. Fokus der Argumentation

Es hat sich gezeigt, dass bei verschiedenen Produkten auch ein unterschiedlicher Fokus bei der Argumentation überzeugend wirkt. Für Gebrauchsgegenstände, wie z. B. Telefon oder eine Kaffeemaschine, gilt: Das Hauptaugenmerk sollte auf den Eigenschaften des Produkts liegen, die zur Bequemlichkeit oder zum Wohlbefinden des Käufers beitragen (z. B. einfache Bedienung eines Geräts).

Bei Produkten mit einer Identifikationsfunktion, das heisst, mit deren Image sich der Kunde identifizieren kann, sind dagegen die Eigenschaften des Produkts weniger wichtig als die Eigenschaften der Personen, die dieses Produkt kaufen. Zu dieser Kategorie gehören z. B. Parfüm, Zigaretten oder bestimmte Getränke.

Die Kaufentscheidung für ein bestimmtes Parfüm kann z.B. fallen, weil die Kundin ebenso verführerisch wirken will wie das Model aus der Werbung. Oder du kaufst vielleicht in der Mittagspause den Softdrink, mit dem du eine Gruppe fröhlicher, ausgelassener Jugendlicher in Verbindung bringst.

Überleg dir, zu welcher der beiden Produktkategorien das Angebot deines Unternehmens gehört, und erstell eine Liste mit Argumenten, die du anführen kannst.

7. Emotionale Ebene

Beim Kauf entscheidet der Bauch mit. Nur wenn der Kunde ein gutes Gefühl hat, ist er letztlich mit seinem Kauf völlig zufrieden und kommt auf andere Produkte deiner Firma zurück. Versetz dich in die Kunden und überleg dir, was ihnen auf der emotionalen Ebene wichtig ist. Welche positiven Konsequenzen ergeben sich aus dem Kauf? Z. B.: «Sie sparen 150 Franken im Monat; für dieses Geld gönnen Sie sich lieber mal ein schönes Candlelight-Dinner mit Ihrer Frau.» Welche negativen Ereignisse werden verhindert, wenn das Angebot angenommen wird? Z. B.: «Durch die Erinnerungsfunktion in Ihrem neuen Mobiltelefon verpassen Sie nie wieder wichtige Termine.» Dabei gilt es zu beach-

> ten: *Setz diese negative Argumentation vorsichtig und sparsam ein. Niemand möchte gern verunsichert werden! Eine Argumentation auf der positiven Linie ist erfolgversprechender.*
>
> *Ist dir etwas aufgefallen? Sobald es um Überzeugung geht, sind wir wieder bei der Nutzenargumentation, die wir weiter oben näher angeschaut haben. Der Schlüssel zu einem überzeugenden Gespräch liegt im Nutzen, den du dem Kunden aufzeigen kannst.*

Der Umgang mit Absagen

Sobald du als Verkäufer tätig wirst, gehören Absagen zum Alltag. Nicht jeder Kunde sagt Ja zu deinem Angebot. Das ist ganz natürlich und auch richtig. Nicht jeder Kunde braucht das, was du ihm anbietest. Und selbst wenn er es bräuchte – es gibt unzählige Gründe, warum er es nicht jetzt und hier von dir kaufen möchte. Als Best Caller akzeptierst du das, Kevin.

Die grösste Entscheidung deines Lebens liegt darin, dass du dein Leben ändern kannst, indem du deine Geisteshaltung änderst.
Albert Schweitzer

Die Art, wie du mit Absagen umgehst, wirkt sich entscheidend auf deine Motivation und damit wiederum auf deine künftige Verkaufsleistung aus.

Schauen wir uns anhand eines realen Beispiels an, was das bedeutet. Ein Unternehmen stellte Mitarbeiterinnen an, die von zu Hause aus Telefonverkauf betrieben. Es ging darum, den Kunden Eier ab Bauernhof vor die Haustüre bzw. in den Milchkasten zu liefern. Es gab Packungen zu 6, 10 und 20 Eiern. Die Verkäuferinnen wurden nach der Anzahl der von ihnen verkauften Eier bezahlt.

Da die Marge auf einem ohnehin nicht sehr teuren Ei gering ist, war es wichtig, dass die telefonischen Verkaufsgespräche möglichst kurz waren. Die Verkäuferinnen gingen strukturiert nach einem Leitfaden vor. Innerhalb der ersten zwanzig Sekunden mussten sie entscheiden, ob die Chance für einen Abschluss hoch genug war, dass sich ein Weitertelefonieren lohnte, oder ob sie besser freundlich aus dem Gespräch ausstiegen. Sonst ging wertvolle Zeit verloren, die sie besser ins nächste Gespräch investierten. Auf diese Art führten sie an einem halben Tag rund 160 Telefonate – bei ca. 300 Wählversuchen.

Die Erfolgsquote lag bei 3 Prozent. Das heisst, von 100 Personen entschieden sich drei, solche Eier zu kaufen. Oder anders ausgedrückt: Die Verkäuferinnen mussten für 3 Ja-Antworten 97 Nein-Antworten in Kauf nehmen.

Viele der Mitarbeiterinnen verdienten sich mit dieser Tätigkeit einen schönen Monatslohn. Aber eine von ihnen stach aus allen anderen heraus. Sie übertraf ihre Kolleginnen bei weitem, was die Abschlüsse – und damit auch den finanziellen Ertrag – anging.

Was zeichnete diese Frau aus? Was machte sie anders als alle anderen? Sie verwendete den gleichen Leitfaden, daran konnte es nicht liegen. Es war ihre Haltung, mit der sie am Morgen aufstand und zum Telefonhörer griff. Sie sagte sich: «3 Prozent Erfolgsquote heisst, dass ich statistisch betrachtet rund 30 Neins brauche, bis ich ein Ja von einem Kunden bekomme.» Und so machte sie sich an die Arbeit. Die erste Absage kam, die zweite … die zehnte … und mit jeder Absage freute sich unsere Spitzenverkäuferin mehr. Warum? Weil sie mit jedem Nein einen Schritt näher an das Ja herankam. Bei der 25. Absage dachte sie optimistisch: «Jetzt kann es ja nicht mehr lange dauern!» Und tatsächlich: Irgendwann kam das Ja. Und das ganze Ritual ging von vorne los.

Das Geheimnis des Erfolgs war also, sich von jeder Absage für eine weitere Anstrengung auf dem Weg zum erfolgreichen Verkauf motivieren zu lassen. Man kann sich leicht vorstellen, dass diese Verkäuferin am Telefon anders geklungen haben wird als diejenigen, die sich am Morgen sagten: «Oje, heute muss ich wieder 97 Absagen über mich ergehen lassen für 3 lausige Abschlüsse.» Und die sich bei jedem Nein sagten: «Oh nein, schon wieder ein Nein» und sich davon die Laune verderben liessen, von der persönlichen Zufriedenheit am Feierabend ganz zu schweigen.

Dieses Beispiel veranschaulicht, was die Haltung eines BestCallers im Verkauf in Bezug auf Absagen auszeichnet. Die Champions im Verkauf sind diejenigen, die Absagen und Rückschläge besser verdauen und einfach länger durchhalten als andere. Hier spricht man von hoher Frustrationstoleranz.

Erinnerst du dich an deine zweite Woche, Kevin, als wir über das

Das Geheimnis
der Motivation
➡ Kapitel 2
S. 54

Thema Selbstmotivation sprachen? Dort hatten wir ein ähnliches Beispiel.

Also Kevin, beantworte dir einmal folgende Frage:

Wie gehe ich persönlich mit Absagen um?

Bedenke auch, Kevin: Eine einmalige Absage bedeutet nicht, dass ein weiteres Telefongespräch nicht erfolgreich sein kann. Halte dir deshalb die Tür zum Kunden auch nach einem negativen Bescheid offen. Zum Beispiel indem du ihn fragst, ob das Thema, das Produkt oder die Dienstleistung möglicherweise zu einem späteren Zeitpunkt für ihn in Frage kommt. Oder indem du ihn fragst, ob er daran interessiert ist, in Zukunft Informationen über Neuheiten, Aktionen etc. zu erhalten. Oder einfach mit dem Versprechen «Herr Kunde, wenn ich einmal wieder etwas Spannendes habe, von dem ich glaube, dass es für Sie in Frage kommt, dann melde ich mich wieder». Je natürlicher und freudiger du diese Ankündigung machst, desto geringer ist die Wahrscheinlichkeit, dass sich dein Gesprächspartner dagegen wehrt. Und beim nächsten Anruf hast du einen guten Einstieg: «Herr Kunde, ich habe Ihnen ja bei unserem letzten Gespräch vor einem halben Jahr versprochen, dass ich wieder auf Sie zukomme, wenn ich etwas Spannendes für Sie habe – jetzt ist es soweit!»

Kevins Lerntagebuch:

- Wenn ich seitens des Kunden klare Kaufsignale wahrnehme, schliesse ich ab.
- Kaufsignale sind Fragen zum Produkt, zur Anwendung, zum Preis oder zustimmende Bemerkungen. Auch ein Einwand kann ein Kaufsignal sein.
- Das Wichtigste bei der Abschlussfrage ist der Mut, sie zu stellen. Mut hab ich. Also: Just do it!
- Ich kann meinen Job am Telefon so gut machen, wie ich will: Ich kann nicht damit rechnen, dass jeder Kunde Ja zu meinem Angebot sagt. Die Absagen gehören auch dazu. Und eine Absage heisst ja nicht, dass der Kunde etwas gegen mich hat, sondern nur, dass er das angebotene Produkt oder die Dienstleistung im Moment nicht brauchen kann.
- Ich halte nach einer Absage die Tür offen für eine künftige Kontaktaufnahme.

CrossSelling und UpSelling

Wie maximieren wir den Kundenwert?

CrossSelling ist die englische Bezeichnung für Zusatzverkauf. Der englische Begriff hat nichts damit zu tun, den Kunden aufs Kreuz legen zu wollen (cross = Kreuz). Es geht vielmehr darum, «kreuz und quer» durch die Angebotspalette zu verkaufen. CrossSelling betreibst du, wenn du dem Kunden zum gewählten Produkt noch ein weiteres, passendes anbietest. Zum Beispiel einen Kopfhörer zum Mobiltelefon.

Von UpSelling spricht man, wenn dem Kunden eine besser ausgestattete oder luxuriösere Variante des Ausgangsprodukts angeboten wird. Zum Beispiel eine Bahnfahrkarte für die 1., statt für die 2. Klasse.

Wenn du den Kunden am Telefon hast, bietet sich eine ideale Gelegenheit für Cross- und UpSelling, denn du stehst bereits mit ihm in einem Dialog. So ist es einfacher, ihm eine zusätzliche Leistung näher zu bringen, als wenn du für jedes Angebot mit einem neuen Anruf von vorn beginnen musst. Cross- und UpSelling zu betreiben bedeutet, eine Win-Win-Situation für dich und den Kunden zu erreichen. Du erzielst mehr Umsatz für dein Unternehmen. Man spricht hier auch von der Erhöhung des Kundenwerts. Der Kunde bekommt zusätzlich etwas, das er brauchen kann.

Schauen wir uns zum Einstieg ein Beispiel an: Ein Elektriker ruft seinen Lieferanten für Elektroteile an. Er erteilt den Auftrag, Ware bereitzustellen, die er in den nächsten Wochen auf seinen Baustellen braucht. Er will sie später durch einen seiner Handwerker abholen lassen.

Der Disponent nimmt alles auf. Am Schluss empfiehlt er seinem Kunden, gleich noch zwei Werkzeuge zu bestellen, die der Elektriker von Zeit zu Zeit ohnehin ersetzen muss.

Der Elektriker bestellt sie und ist zufrieden, dass er nun sicher alles Notwendige hat. Er bemerkt zudem wohlwollend, dass sich der Disponent, den er nur vom Telefon her kennt, um ihn kümmert.

Der Disponent ist ebenfalls zufrieden: Es ist ihm gelungen, den Kunden zufrieden zu stellen und mittels CrossSelling einen Zusatzertrag für sein Unternehmen zu generieren.

Wie betreibst du Cross- und UpSelling?

Ganz einfach: Erweitere deinen Blickwinkel und versetz dich in die Lage des Kunden. Überleg dir, was er zusätzlich gebrauchen könnte, und trau dich einfach zu fragen, ob er Interesse hat. Wenn du selbstbewusst und mit Spass an der Sache fragst, kann dir niemand böse sein.

> Ich prüfe jedes Angebot. Es könnte das Angebot meines Lebens sein.
> *Henry Ford*

Denk daran: Der Kunde hat immer die Möglichkeit Nein zu sagen, wenn er etwas wirklich nicht möchte. Und wenn er Nein sagt, darfst du das nicht als persönliche Niederlage werten, sondern einfach als Bestandteil deines Jobs. Die Nein-Antworten gehören dazu, damit die Ja-Antworten wirklich das befriedigende Gefühl eines echten Erfolgs auslösen können. Also nicht aufgeben, wenn deine Cross- und UpSelling-Anläufe nicht bei jedem Kunden auf fruchtbaren Boden fallen, sondern weitermachen. Der Moment kommt, in dem du den Kunden in der Leitung hast, der auf dein Cross- oder UpSelling-Angebot gewartet hat!

Bei Cross- und UpSelling gibt es auf beiden Seiten Gewinner. Denn diese Angebote sind nicht einfach Möglichkeiten, den Umsatz zu steigern. Es sind Möglichkeiten, die Erwartungen des Kunden zu übertreffen, indem du ein Stückchen weiterdenkst und ihm etwas zusätzlich vorschlägst, das ihm dienlich ist. So kannst du ihn begeistern.

Wo lässt sich Cross- und UpSelling betreiben?

Überall! Geben wir ein paar Beispiele. Versetz dich beim Lesen jeweils in die Lage des Kunden und achte darauf, wie das Angebot auf dich wirkt.

In der Gastronomiebranche

Die Mitarbeiterin im Innendienst des Lebensmittel-Lieferanten nimmt die wöchentliche Bestellung des Küchenchefs aus dem Hotel «Rössli» dankend entgegen. Sie fährt wie folgt fort:

«Diese Woche haben wir ganz frische Pfifferlinge im Angebot. Die würden wunderbar zu Ihren Wildspezialitäten passen. Möchten Sie bei dieser Gelegenheit gleich welche mitbestellen?» Das ist CrossSelling.

Beim Buchversand

Die Agentin in der Bestell-Hotline des Buchversands bietet dem Kunden an: «Die Hardcover-Ausgabe von ‹Harry Potter und der Feuerkelch› habe ich für Sie notiert, Herr Bur-Malottke. Jetzt haben wir gerade eine Spezialaktion mit einer Gesamtausgabe der ‹Chroniken von Narnia›. Alle sieben Bände zusammen zum Sonderpreis. Haben Sie daran Interesse?» Das ist CrossSelling.

Beim Lieferanten für Tee- und Kaffee-Spezialitäten

Der Innendienst-Mitarbeiter eines Tee- und Kaffeeanbieters nimmt die telefonische Bestellung der Kundin entgegen und fährt fort: «Frau Hugentobel, Sie können das Tee- und Kaffee-Erlebnis für Ihre Gäste noch intensivieren, indem Sie Ihnen eines unserer feinen Noisette-Biskuits neben die Tasse legen. Die Biskuits liefern wir Ihnen einzeln verpackt in Kartons à 100 Stück. Wie viele soll ich auf Ihre Bestellung nehmen?» Das ist CrossSelling.

Bei der Bahn

Die Mitarbeiterin im Bahn-Kundenservice sagt bei der Fahrkartenbestellung: «Darf ich auch gleich eine Sitzplatzreservierung für den Cisalpino buchen, Frau Johanson? Dann können Sie in Zürich kurz vor Abfahrt des Zuges einsteigen und sicher sein, dass Sie auf jeden Fall einen Fensterplatz haben, von dem aus Sie bis Mailand die Landschaft geniessen können.» Das ist CrossSelling.

Beim Parkett-Hersteller

Der Innendienst-Mitarbeiter eines Parkett-Unternehmens fragt den Kunden bei der Bestellung der Parkett-Riemen: «Die Lieferung lasse ich Ihnen gerne so zukommen, Herr Baumeister. Brauchen Sie auch

wieder Parkett-Kleber? Darf ich Ihnen den gleich dazubestellen?»
Das ist CrossSelling.

Im Hotel

Bei der Hotelreservation schlägt die Dame an der Rezeption dem
Kunden vor: «Vielen Dank für Ihre Reservierung, Herr Sattler, soll
ich Ihnen auch gleich noch einen Tisch im Restaurant für den ersten
Abend reservieren? Dann könnten Sie und Ihre Frau sich direkt
nach Ihrer Ankunft bei einem gemütlichen Abendessen stärken.» –
«Auf 19.00 Uhr? Schön. Und was halten Sie von einer Wellness-
Behandlung am Sonntag vormittag? Danach werden Sie energiege-
laden in die neue Woche starten!» Das ist CrossSelling.

Bei der Bank

Die Mitarbeiterin der Kunden-Serviceline fährt nach der Kreditkar-
tenbestellung der Kundin folgendermassen fort: «Frau Gerster, die
bestellte Kreditkarte mit hoher Akzeptanz in Indonesien erhalten
Sie nächste Woche per Post. Jetzt habe ich noch eine Frage: Wie
sieht es mit Ihren Wertsachen aus, die während Ihrer vierwöchigen
Abwesenheit zu Hause bleiben müssen? Ich empfehle Ihnen, für
diesen Zeitraum ein Schrankfach im Banktresor unserer Filiale in
Ihrem Wohnort zu mieten. Da können Sie beruhigt aus dem Haus
gehen und sicher sein, dass Ihre Schmuckstücke und wichtigen Do-
kumente gut aufgehoben sind. So können Sie ganz entspannt in die
Ferien fahren und diese in vollen Zügen geniessen.» Das ist Cross-
Selling.

In der Telekommunikationsbranche

Der Mitarbeiter in der Kundenservice-Hotline eines Mobilfunkan-
bieters macht dem Kunden folgenden Vorschlag: «Das neue Mobiltelefon X, das Sie ins Auge gefasst haben, wird Ihren Erwartungen
sicherlich gerecht. Sehr empfehlen kann ich Ihnen allerdings auch
das Gerät Y. Für 40 Franken mehr haben Sie ein Gerät mit Quadband-Technologie, mit dem Sie auch auf Ihrer nächsten Südame-
rika-Reise mobil telefonieren können. Zudem hat die darin einge-
baute Kamera eine deutlich höherer Bildqualität – so bekommen
Sie noch schönere Urlaubsfotos.» Das ist UpSelling.

Bei der Autovermietung

Die Mitarbeiterin der Autovermietung fragt nach der Entgegennahme des Reservationswunsches mit sympathischem Lächeln in der Stimme: «Für dieses Wochenende ist nebem dem Wagen der Economy Class auch noch ein BMW-Cabrio frei. Haben Sie nicht Lust, bei dem schönen Wetter mit offenem Dach ins Grüne zu fahren?» Das ist UpSelling.

Bei einer Airline

Der Agent in der Reservationshotline einer Fluggesellschaft macht seinem Kunden folgendes Angebot: «Herr Meister, Dank Ihrer sehr frühzeitigen Buchung, kann ich Ihnen folgendes Spezialangebot machen: Für einen Aufpreis von nur 300 Franken pro Person fliegen Sie und Ihre Frau in der Business Class. Dort können sie ein exklusives 4-Gang-Menü geniessen und haben einen Komfortsitz, den Sie nachts horizontal stellen können, so dass Sie entspannt über den Wolken träumen können. So kommen Sie ausgeruht an Ihrem Reiseziel an.» Das ist UpSelling.

Und zu guter Letzt bringen wir noch ein Beispiel, das aus dem Vollen schöpft.

In der Medienbranche

Stell dir folgende Situation vor: Du siehst fern. In einem Werbeblock siehst du eine Werbung für den Nachfolger deines klapprigen Golf GTI. «Aha, den habe ich doch heute Morgen schon in der Zeitung gesehen. Und im lokalen Radio kam auch irgendwas.» Ausgelöst hat das aber noch nicht viel: Finanzen und so … Dann schaust du zu später Stunde noch deine Post durch. Auch hier stolperst du über den neuen GTI. Die gleiche Anzeige, an der du heute schon mal im Grossformat vorbeigelaufen bist. Das war an der Plakatwand auf dem Nachhauseweg.

Aufmerksam bist du geworden, ja. Aber da du immer noch die angespannte Finanzsituation im Hinterkopf hast, bewegt dich die breit angelegte Kampagne nach wie vor nicht gross.

Am anderen Tag erreicht dich ein E-Mail von deinem Autohaus. Sie laden dich ein, dir den neuen Golf GTI anzusehen. Du nutzt den Link zur angegebenen Website, um dir das neue Modell auf

dem Internet in 3D-Animation anzusehen. «Schick sieht er aus»,
denkst du.

Und dann am nächsten Tag ... bekommst du einen Anruf. Eine
freundliche Stimme lädt dich zu einer Probefahrt ein. «Na, will ich
oder will ich nicht?» schiesst dir durch den Kopf. «Ja, eigentlich,
warum nicht. Ich vergebe mir ja nichts. Und zudem, dieser sympathischen Person einen Korb zu erteilen wäre auch nicht nett ...»

Dies ist ein typisches Beispiel für Cross-medialen Verkauf: Eine
Dienstleistung, die Medienspezialisten immer mehr anbieten. Alles
aus einer Hand! In diesem Fall hat sich das Autohaus einen Partner
gesucht, der ihm in der Promotion seines Produkts mit allen am
Markt verfügbaren Werbeträgern zur Seite steht. So kommt alles aus
einem Guss. Terminlich clever geplant.

Du wurdest auf verschiedenen Kommunikationskanälen angesprochen – und das Telefon war wieder dabei. Wie du siehst, war der
Mensch am Telefon in der Nachbetreuung das auslösende Moment,
dich zum Auto deiner Träume zu bringen. Zumindest zu einer Probefahrt darin.

Und jetzt bist du dran. Wo siehst du Möglichkeiten, bei deiner Arbeit am Telefon Zusatzverkäufe zu generieren?

Kernleistung/-produkt	Zusatzleistung/-produkt

Kevins Lerntagebuch:

- CrossSelling heisst, dass ich dem Kunden zu dem bestellten Produkt noch etwas Zusätzliches anbiete.
- UpSelling heisst, dass ich dem Kunden die luxuriösere Version verkaufe.
- Cross- und UpSelling generiert Win-Win-Situationen. Mein Unternehmen macht mehr Ertrag und der Kunde bekommt noch etwas dazu, das er brauchen kann.
- Für Cross- und UpSelling bieten sich unzählige Möglichkeiten. Ich werde mich mal hinsetzen und für meinen Job überlegen, wie ich einen aktiven Beitrag zur Kundenwertmaximierung leisten kann.

Umgang mit dem Telefonleitfaden

Wie bleibe ich dabei authentisch?

Der Telefonleitfaden: das Instrument, das die Individualität ausschaltet. Das, was den Agenten am Telefon so unangenehm stereotyp erscheinen lässt, weil man spürt, dass hier jemand abliest. Es ist wie im Kino, wo man merkt, dass der Schauspieler genau nach Drehbuch agiert.

Ist dem wirklich so? Denkst du als Zuschauer während eines Films an das Drehbuch? Nein. Warum nicht? Ganz einfach. Das Drehbuch ist die Geschichte, der rote Faden, es beinhaltet die zentralen Botschaften. Der Schauspieler haucht der Geschichte durch seine Darstellung Leben ein. Am Schluss ist es seine Geschichte und nicht das Drehbuch, das im Gedächtnis bleibt.

So verhält es sich mit den Leitfäden, die du bei deiner Arbeit einsetzen wirst. Sie sind deine Geschichte, dein roter Faden, deine zentrale Botschaft. Wie der Name schon sagt, soll der Leitfaden dich durch das Gespräch leiten. Keinesfalls soll er dich manipulieren etwas zu sagen, was nicht dir selbst entspricht. Wenn das nicht die Absicht wäre, würde dieses Werk sicher nicht Leitfaden heissen, sondern Leittau, Leitstrick, Leitdrahtseil oder so ähnlich.

Nebenbei bemerkt: Der Telefonleitfaden wird in manchen Unternehmen auch Script genannt.

Worin besteht der Nutzen eines Telefonleitfadens?

Der Leitfaden ist dein Instrument für repetitive OutboundCalls.

Für nicht repetitive ausgehende Anrufe, bei denen es um jeweils verschiedene Kunden und Punkte geht, hast du den Werner Berger Telefontrichter für ausgehende Telefonate kennengelernt. Wie du auch InboundCalls nach dem «Werner Berger Telefontrichter für eingehende Telefonate» strukturierst.

Telefontrichter
➡ Kapitel 4
S. 120

Wenn du hingegen eine Telefonaktion vor dir hast, bei der es für eine grössere Anzahl Kunden immer wieder um das Gleiche geht, dann hilft dir ein Leitfaden.

Eine solche Telefonaktion ist in der Regel ein Verkaufsakt. Du möchtest zum Beispiel Kunden von einem neuen Produkt überzeugen. Oder du möchtest Kunden zurückgewinnen, die zu einem anderen Anbieter gewechselt haben. Oder es geht dir darum, Kunden für einen Termin mit deinem Kundenberater-Kollegen zu gewinnen.

Hier lohnt es sich, sich vorher genau zu überlegen, welches Vorgehen, welcher Gesprächsaufbau am besten und schnellsten zum Ziel führt. Was ist ein spannender Einstieg in das Telefonat, damit dir der Kunde gern weiter zuhört? Welche Verkaufsargumente kannst du für dein Angebot anbringen? Wie kannst du Einwände des Kunden entkräften? Und schliesslich: Wann und wie stellst du die Abschlussfrage?

Für diesen Zweck ist es nicht sinnvoll, wenn jeder im Team das Rad neu erfindet. Stell dir vor, jeder von euch würde nach Gutdünken telefonieren. Die einen hätten mehr Erfolg, die anderen weni-

ger. Wäre ja schön zu wissen, was den Ausschlag für den Erfolg gibt. Dann könnten die anderen daraus lernen und ihren eigenen Erfolg steigern. Wenn aber niemand eine nachvollziehbare Systematik hat, könnt ihr die Erfolgsfaktoren nicht analysieren.

Ganz anders ist es, wenn ihr alle nach dem gleichen Leitfaden telefoniert. Wenn es auf Anhieb super läuft: bravo! Dann hat derjenige, der den Leitfaden erstellt hat, ein grosses Lob verdient.

Wenn ihr merkt, dass es nicht so gut läuft, macht ihr Folgendes: Ein Teil des Teams wählt einen alternativen Argumentationsweg und erstellt dazu einen neuen Leitfaden. Jetzt könnt ihr vergleichen. Wenn diese Agents bessere Ergebnisse erzielen, wisst ihr, dass ihr alle auf den zweiten Leitfaden umsteigen solltet. Dieses Muster ergänzt dann jeder Einzelne durch seinen persönlichen Charme und seinen individuellen Charakter.

Meine persönliche Note gibt dem Kunden das Gefühl, dass er mit einem Menschen telefoniert, nicht mit einem Leitfaden.

Der Leitfaden gibt dir in anspruchsvollen, verkäuferisch aktiven Telefongesprächen Sicherheit. Die Argumente können dir nicht entfallen, denn du hast sie immer vor Augen. Einwände des Kunden werden dich nicht kalt erwischen, denn du hast mögliche Einwandentkräftungen direkt vor dir liegen und kannst dich daran halten.

Dank des Leitfadens wirst du strukturierter und damit effizienter telefonieren. Das bedeutet wiederum, dass du mehr Telefonate pro Zeiteinheit abwickeln kannst – und so auf mehr Abschlüsse kommst. Ist doch eine super Sache, oder, Kevin?!

Wie ist ein guter Leitfaden aufgebaut?

Wie oben festgehalten: Der Leitfaden ist die Struktur für verkäuferisch aktive Telefongespräche.

Für diesen verkäuferischen Akt gilt: Es muss die **AIDA**-Formel zugrundeliegen, die wir zu Beginn dieses Kapitels besprochen haben.

AIDA-Formel
➜ Kapitel 4
S. 117

Gerade wenn du einen Kunden anrufst, der nicht auf dich gewartet hat, ist es entscheidend, dass du in den ersten Sekunden einen so sympathischen Eindruck hinterlässst, dass dein Gesprächspartner dir seine volle Aufmerksamkeit (**Attention**) schenkt. Sonst legt er nach deinem ersten Satz schon wieder auf.

Hast du diese Hürde genommen, gilt es, das Interesse (**Interest**) des Kunden zu wecken und bei ihm mit Hilfe deiner nutzenorientierten Argumentation den Wunsch (**Desire**) hervorzurufen, dein Angebot anzunehmen.

Und schliesslich das Wichtigste im Verkauf: Du stellst die Abschlussfrage und stösst damit die Kaufhandlung (**Action**) an.

Ein guter Leitfaden ist also gemäss der AIDA-Formel aufgebaut.

Im Überblick lassen sich folgende Bausteine bei einem Leitfaden unterscheiden:

- **Leitfaden-Steckbrief**

  Das ist der kurze Überblick, um was es geht. Mit wenigen Worten wird geschildert, was das Ziel der Aktion ist, was erwartet wird, in welchem Zeitraum die Aktion läuft und wer für das Projekt verantwortlich ist. Das erleichtert es später, die Aktion einordnen zu können. Am besten wird der Leitfaden zusammen mit der Auswertung über den Erfolg abgelegt.

- **Einstieg**

  Der Einstieg ist wie der ganze Rest des Leitfadens Wort für Wort aufgeschrieben. Also nicht stichwortartig, sondern in einem fortlaufenden Text, wie der Text für den Schauspieler im Drehbuch.

- **Argumente**

  Die Argumente sind leicht verständlich, griffig und nutzenorientiert formuliert.

- **Mögliche Einwände (und wie ich ihnen begegne)**

  Alle Einwände, die im Dialog mit dem Kunden auftreten können, werden nach der Methode, die du bereits kennengelernt hast, formuliert. Damit kannst du dich im Vorfeld einer Kampagne auseinandersetzen. Sicher können bei deinen Kunden andere Einwände kommen. Das macht gar nichts. Indem du dich mit der Möglichkeit, dass Einwände kommen können, auseinandergesetzt hast, bist du gewappnet. Dir kann nichts passieren. Du hast den Mechanismus, wie du den Einwänden begegnen sollst, intus. Wie war das noch? Quittung, **Argument** – ohne «aber» eingeleitet – und nicht vergessen: die **Abschlussfrage**! Alles wieder da?

  Ergänze deinen Leitfaden mit jedem neuen Einwand, mit dem du konfrontiert wirst. So bist du von Mal zu Mal besser vorbereitet. Tauscht eure Erfahrungen im Team aus. So bringt ihr euch gegenseitig weiter, und euer Leitfaden bekommt schnell den Feinschliff.

Einwandbehandlung
➡ Kapitel 4
S. 135

Am Ende dieses Kapitels findest du Beispiel-Leitfäden aus der Praxis verschiedener Unternehmen.

Wie setzt du den Leitfaden professionell ein?

Am besten setzt du den Leitfaden in folgenden vier Stufen ein:
1. Selbststudium des Leitfadens mittels Selbstgesprächen
2. Training mit einem anderen Agenten
3. Erste Gehversuche mit dem echten Kunden
4. Reflexion

Lass uns dies am Beispiel eines echten Leitfadens durchspielen. Hast du den Leitfaden? Okay. Investiere nun 30 Minuten in dieses Hilfsmittel.

1. Selbststudium: Nimm den Leitfaden zur Hand

- Druck den Leitfaden in einer Schriftgrösse aus, die gross genug ist, dass du sie gut lesen kannst, wenn das Blatt ein Stück entfernt auf deinem Schreibtisch liegt.
- Mach dich mit dem Text vertraut, indem du den Leitfaden mehrmals durchliest.
- Versuch, den Sinn der Botschaft zu verstehen. Falls dir das nicht gelingt, musst du unbedingt bei deiner Chefin nachfragen und dir die entsprechenden Informationen holen. Sonst kannst du dem Kunden gegenüber nicht authentisch sein!
- Versetz dich in die Lage der Kunden. Überleg dir, wie die Worte wohl auf sie wirken werden und was möglicherweise noch unklar ist.
- Finde selbst Antworten auf mögliche Einwände, die im Leitfaden nicht berücksichtigt sind.
- Markiere mit einem Leuchtstift die wichtigsten Stellen, die Kernbotschaften. So tust du den Schritt vom Fliesstext, den du abliest, zu Stichwörtern, die dich leiten.
- Verinnerliche den Leitfaden, indem du ihn immer wieder durchgehst. Lern ihn nicht auswendig, sondern konzentrier dich auf die markierten Stichwörter.
- Geh ihn wieder und wieder durch. Benutze immer öfter deine eigenen Worte, aber behalte die zentralen Punkte des Leitfadens im Blick.

Training: Wage dich jetzt mit einem Kollegen oder einer Kollegin an erste Trockenübungen

- Setzt euch Rücken an Rücken, so dass ihr keinen Blickkontakt habt – denn dem Kunden am Telefon kannst du auch nicht in die Augen schauen. Einer übernimmt die Rolle des Kunden, einer die des Anrufers.
- Simuliert den Kundenanruf. Konzentrier dich dabei voll auf deine Aufgabe. Bring dich ganz ein, es ist (fast) ernst.
- Vergiss die Simulation, dein Kollege ist dein Kunde.
- Geht das Ganze mehrere Male durch. So lange, bis der jeweilige *Kunde* das Gefühl hat, mit jemandem zu telefonieren, der ganz natürlich strukturiert wirkt.

Gehversuch: Just do it!
- Atme tief durch, wähl die Telefonnummer und freu dich auf die Stimme am anderen Ende der Leitung. Du hast dich so gut vorbereitet, dass es gehen muss.
- Bring dich voll ein.
- Gib dein Bestes.

Reflexion: Suche nach Optimierungsmöglichkeiten
Nach 8 bis 10 Telefonaten lohnt es sich, eine Pause zu machen.

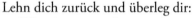
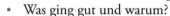

Lehn dich zurück und überleg dir:
- Was ging gut und warum?
- Was ging weniger gut und warum?
- Was gibt es zu korrigieren und wie?
- Wen muss ich aufgrund meiner Erkenntnisse ins Bild setzen?

Es lohnt sich, nach dem ersten Tag oder bei längeren Aktionen nach ein paar Tagen eine ausgiebige Reflexion einzuschalten, am besten gleich im ganzen Team. So könnt ihr eure Erfahrungen austauschen und voneinander ler-

nen. Berücksichtigt dabei auch die Tageszeiten, zu denen ihr telefoniert habt. Kunden und potenzielle Kunden sind nicht den ganzen
Tag über gleich gut erreichbar. Je nach Zielgruppe habt ihr es am
Abend oder am frühen Morgen einfacher. Berücksichtigt eure Erfahrungen diesbezüglich und passt die Zeitfenster, in denen ihr telefoniert, diesen Erfahrungen an.

Beispiel-Leitfäden aus der Praxis

Leitfaden 1:	Datum:

Thema: Verkaufsaktion Anlageprodukt «Champion»

Zielsetzung: Bindung von Kundenkapital aus Lebensversicherung
Zielgruppen: bestehende Kunden, bei denen Lebensversicherung
zur Auszahlung kommt
Region: gesamtes Einzugsgebiet
Durchführung: 1.–30. September 20XX
Zusammenfassende Bemerkungen zur Aktion:
(Hierhin gehören nach der Aktion wichtige Erkennt-
nisse, die für spätere ähnliche Aktionen hilfreich
sein können.)

Entscheidungsträger am Telefon

Guten Tag, Herr/Frau … Hier ist Klaus Meister von der Anima-
Versicherung.

Herr/Frau …, ich darf Ihnen heute die schöne Botschaft überbrin-
gen, dass Ihre Lebensversicherungspolice am 31. Dezember zur
Auszahlung kommt. Es handelt sich dabei um eine Vermögens-
summe von 240 000 Franken.

Wenn Sie sich entscheiden, dieses Geld erneut anzulegen, kann
es weiter für Sie Ertrag generieren. Ich empfehle Ihnen dafür unser
strukturiertes Produkt «Champion». Es hat eine garantierte Rendite
von 4 Prozent im Jahr und kann bei positivem Börsenkursverlauf bis
zu 8 Prozent gehen.

Was halten Sie davon? Möchten Sie von diesem Angebot profitieren und Ihr Geld weiter für sich arbeiten lassen?

1. Einwand:	Ich möchte mich jetzt noch nicht entscheiden, was ich mit dem Geld weiter mache.
Quittung	Dafür habe ich Verständnis, Herr/Frau …
Argument	Wenn Sie sich vor Ablauf der Police entscheiden, profitieren Sie davon, dass Ihr Geld ohne Unterbrechung attraktive Zinsen für Sie erwirtschaftet. Und ich erledige alle administrativen Arbeiten für Sie. Sie brauchen sich also um nichts zu kümmern.
Abschluss-frage	Wie denken Sie unter diesen Gesichtspunkten über das Angebot?

2. Einwand:	Ich möchte mich erst noch bei der Bank erkundigen, welche Anlagemöglichkeiten es dort gibt.
Quittung	Herr/Frau …, das finde ich gut. Eine solche Summe sollte man wohlüberlegt einsetzen.
Argument	Was Ihnen die Bank im Hinblick auf strukturierte Produkte, Fonds und andere Anlagemöglichkeiten bieten kann, haben auch wir von der Anima-Versicherung im Angebot. Ich mache Ihnen folgenden Vorschlag. Ich rede mit Ihrem Vorsorgeberater Herrn Meier und werde ihm mitteilen, dass Sie das Bedürfnis haben, die bestmögliche Anlage für Ihr Geld zu finden. Er wird sich gerne Zeit für ein persönliches Beratungsgespräch nehmen.
Abschluss-frage	Wann passt es Ihnen terminlich am besten, eher am Abend oder lieber tagsüber? – Sehr gut, Herr Meier ist zum Beispiel am Montagabend ab 18.00 Uhr noch frei, es ginge ihm auch am Donnerstag ab 18.30 Uhr. Was ist Ihnen lieber?

Leitfaden 2:	Datum:

Thema: Nachfassaktion «PrePaid-Kreditkarte»
Zielsetzung: Erhöhung der Kundenbindung, stärkere Produkt-
                  durchdringung
Zielgruppen: junge Bankkunden, Kunden mit wenig Vermögen,
                  Internet-Banking-Nutzer
Region: definiertes Postleitzahlen-Gebiet
Durchführung: 15. November–16. Dezember 20XX
Zusammenfassende Bemerkungen zur Aktion:
                  (Hierhin gehören nach der Aktion wichtige Erkennt-
                  nisse, die für spätere ähnliche Aktionen hilfreich sein
                  können.)

Entscheidungsträger am Telefon

Guten Tag, Herr/Frau … Hier ist Karin Stadler von der Regio-
bank.

Wir haben Ihnen letzte Woche einen Brief geschickt, in dem wir
Ihnen unsere neue PrePaid-Kreditkarte vorgestellt haben. Haben
Sie schon Zeit gefunden, diese Informationen zu lesen?

Ja	Nein
Schön, es ging ja darum, dass …	Das macht gar nichts. Es ging – in wenigen Worten – darum, dass …

… wir für unsere Kunden das Kreditkartenangebot ausgebaut haben. So profitieren Sie von einer günstigen PrePaid-Kreditkarte, die
Sie weltweit einsetzen können. Die PrePaid-Kreditkarte ist für Sie
insbesondere dann attraktiv, wenn Sie die Karte gelegentlich beim
Reisen oder für Interneteinkäufe einsetzen. Wenn Sie sich jetzt entscheiden, erlassen wir Ihnen auch noch die einmalige Ausstellungs-
gebühr von 20 Franken.

Darf ich eine solche PrePaid-Kreditkarte für Sie bestellen?

1. Einwand:	Ich habe eine Maestro-Karte, da brauche ich doch nicht auch noch eine Kreditkarte.
Quittung	Ja, Ihr Gedanke ist berechtigt.
Argument	Bei der Maestro-Karte handelt es sich um eine Debitkarte, das heisst, der Warenbezug wird unmittelbar danach Ihrem Konto belastet. Im Gegensatz zur Maestro-Karte kann die PrePaid-Kreditkarte auch für Zahlungen im Internet – das Sie ja nutzen – eingesetzt werden. Das bedeutet für Sie noch mehr Flexibilität und vor allem höchste Sicherheit, da die PrePaid-Kreditkarte nur so viel belastet werden kann, wie Sie darauf geladen haben. Die PrePaid-Kreditkarte ist somit eine ideale Ergänzung zu Ihrer Maestro-Karte.
Abschluss-frage	Sind Sie interessiert, darf ich Ihnen diese Karte zukommen lassen?

2. Einwand:	Ich habe bereits eine Kreditkarte von einer anderen Bank.
Quittung	Prima. Dann kennen Sie also die Vorteile einer Kreditkarte.
Argument	Als guter Kunde unserer Bank vereinfachen Sie sich mit dieser Kreditkarte Ihre administrativen Belange. Sie bekommen alles aus einer Hand. Zudem profitieren Sie mit der PrePaid-Kreditkarte von einer sehr kostengünstigen Kreditkarte. Sie bezahlen keine Jahresgebühr.
Abschluss-frage	Kann ich Ihnen eine PrePaid-Kreditkarte bestellen?

Leitfaden 3:   Datum:

Thema: Neukundengewinnung / Kalt-Adressen
Zielsetzung: Terminvereinbarung für einen ersten Kontakt
Zielgruppen: Kunden gemäss Kalt-Adressliste
Region: Luzern PLZ 6000–6002
Durchführung: 1.–5. März 20XX
Zusammenfassende Bemerkungen zur Aktion:
                     (Hierhin gehören nach der Aktion wichtige Erkennt-
                     nisse, die für spätere ähnliche Aktionen hilfreich sein
                     können.)

Entscheidungsträger am Telefon

Schönen guten Tag Herr/Frau ... Mein Name ist Petra Wonnegut von der Firma Leckerbeck.

Wir beliefern Bäckereien und Gastronomie-Betriebe mit auserlesenen Backzutaten und Backvorprodukten. Gerne möchten wir Sie von unseren qualitativ hochwertigen Produkten überzeugen, die Ihnen Zeit sparen und Ihre Kunden geschmacklich begeistern werden.

Unser Aussendienstmitarbeiter Herr Kiefer kommt gerne bei Ihnen vorbei und zeigt Ihnen unser breites Sortiment. Nächste Woche hat er noch Termine frei. Passt es Ihnen am Dienstagmorgen um 9.00 Uhr, oder besser am Mittwoch um 15.30 Uhr?

Schön. Dann wird Herr Kiefer am Mittwoch um 15.30 Uhr bei Ihnen sein. Er wird sich freuen, Sie kennenzulernen.

Ich wünsche Ihnen noch einen schönen Tag.

1. Einwand:	Ich glaube nicht, dass ich Ihre Produkte brauche.
Quittung	Das kann ich verstehen, Sie kennen unsere Produkte ja auch noch nicht.
Argument	Gerade deshalb ist es sinnvoll, dass wir Sie Ihnen vorstellen. So können Sie sich direkt in Ihrer Backstube einen Eindruck verschaffen, wie unsere Produkte Sie bei Ihren Back-Kreationen unterstützen können.
Abschlussfrage	Ist das ein Angebot? An welchem Tag darf Herr Kiefer bei Ihnen vorbeikommen, passt Ihnen der Dienstag oder Mittwoch besser?

2. Einwand:	Ich bin in treuen Händen.
Quittung	Es freut mich, dass Sie gut bedient sind. Und eine solche Kundentreue kann man sich als Lieferant nur wünschen.
Argument	Herr/Frau …, wir von Leckerbeck haben immer wieder innovative Produkte im Angebot, mit denen unsere Kunden wiederum ihre Kunden geschmacklich begeistern können – und dabei zudem noch Zeit in der Zubereitung sparen.
Abschlussfrage	Lassen Sie sich doch einmal ganz unverbindlich ein paar Ideen von unserem Aussendienstmitarbeiter zeigen. Wann passt es Ihnen nächste Woche am besten, am Dienstagmorgen oder am Mittwochnachmittag?

Leitfaden 4:   Datum:

Thema: Retention-Aktion
Zielsetzung: Halten von Kunden, die ihr Mobiltelefon-Abo kündigen möchten.
Zielgruppen: Kunden, von denen die Kündigung vorliegt
Region: gesamtes Einzugsgebiet
Durchführung: 15. Mai–31. Mai 20XX
Zusammenfassende Bemerkungen zur Aktion:
                   (Hierhin gehören nach der Aktion wichtige Erkenntnisse, die für spätere ähnliche Aktionen hilfreich sein können.)

Entscheidungsträger am Telefon

Guten Tag Herr/Frau …, mein Name ist Marius Peters von Mobilfon.

Herr/Frau …, Sie haben uns geschrieben, dass Sie Ihr Handy-Abonnement kündigen möchten. Offen gestanden, das finde ich sehr schade. Was erwarten Sie von mir, von Mobilfon, damit Sie Kunde bleiben?

1. Einwand:	**Bessere Preise. Ihr seid im Vergleich zu anderen Anbietern einfach zu teuer!**
Quittung	Herr/Frau …, ich habe vollstes Verständnis dafür, dass die Kosten für Sie ein wichtiges Thema sind.
Argument	Aufgrund Ihres Telefonierverhaltens kann ich feststellen, dass Sie Kosten sparen könnten, wenn Sie von Ihrem derzeitigen Abo auf das MobilFlex-Abo wechseln. Dort haben Sie eine niedrigere Grundgebühr und können ausserdem 20 SMS pro Monat gratis versenden.
Abschlussfrage	Was sagen Sie dazu, darf ich Ihr Abonnement so ändern und Sie weiterhin als zufriedenen Kunden behalten?

2. Einwand:	**Nichts. Ich brauche mein Handy praktisch nie.**
Quittung	Herr/Frau …, in diesem Fall habe ich eine sehr gute Idee für Sie:
Argument	Wenn Sie auf das MobilFreedom-Abo umsteigen, sparen Sie die monatliche Grundgebühr. Sie zahlen lediglich für die Anrufe, die Sie tätigen, und Ihre SMS. Das bedeutet für Sie, dass Sie Ihre Kosten minimieren und gleichzeitig das gute Gefühl behalten, im Notfall wo immer Sie sind telefonieren zu können und telefonisch erreichbar zu sein.
Abschlussfrage	Was halten Sie davon, darf ich Ihr Abonnement so ändern und Sie weiterhin als zufriedenen Kunden behalten?

Kevins Lerntagebuch:

- Der Telefonleitfaden ist nicht dazu da, mich einzuengen, sondern mir zu helfen, repetitive Gespräche zielführend zu gestalten.
- Wenn ich den Leitfaden nutze, überlasse ich nichts dem Zufall. Ich telefoniere nicht einfach so, wie es mir heute gerade einfällt, sondern nach einem durchdachten Prinzip.
- Damit ich am Telefon mit dem Leitfaden nicht künstlich wirke, sondern virtuos, muss ich durch vorbereitendes Training den Inhalt des Leitfadens verinnerlichen. So kann ich ihn durch meinen eigenen Charme und Charakter mit Leben füllen.

Was sind meine persönlichen Erkenntnisse zum Kapitel?

Was konkret setze ich bis wann um?

Kapitel 5 – Die fünfte Woche

Jetzt arbeitet Kevin schon über einen Monat im CallCenter. Er freut sich auf jeden neuen Tag. Der Job macht ihn zufrieden, und die Momente mit Jenny machen ihn glücklich. Trotzdem denkt er nicht daran, sich zurückzulehnen. Bis er wirklich an seinem Ziel angekommen ist, ein BestCaller zu werden, liegt noch ein weiter Weg vor ihm. Und bis zu seinem Ziel, Jennys Herz zu erobern, übrigens auch.

Auf dem Weg der beruflichen Weiterentwicklung stehen ihm zum Glück viele Menschen zur Seite: die Teamleiterin, Jenny, die Kollegen und Kolleginnen im CallCenter – und allen voran er selbst!

Meine persönliche Weiterentwicklung
Wie werde ich zum BestCaller?

Meine persönliche Weiterentwicklung

Wie werde ich zum BestCaller?

Wenn du auf die ersten Tage und Wochen in deinem neuen Job zurückblickst, stellst du sicher mit Genugtuung fest, dass du bereits viel gelernt hast. Deine Lernkurve ist in den vergangenen Wochen steil nach oben gegangen.

Die Arbeit am Telefon verlangt dir viel, sehr viel ab. Du hast einen Hochleistungs-Job. Es geht dir praktisch wie einem Spitzensportler. Nehmen wir wieder unseren Tennisspieler. Auch er ist nonstop gefordert. Bevor das Match beginnt, weiss er nicht, wie sein Gegner drauf ist, welche Strategie der andere verfolgt. Er weiss nicht, mit welcher Taktik und welchen Schlägen er heute zu rechnen hat. Hier lassen sich Parallelen zu deiner Arbeit ziehen.

Was war entscheidend dafür, dass der Leistungssportler da angekommen ist, wo er heute steht? Was macht ihn stark? Was macht dich stark? Was sorgt dafür, dass ihr auf konstant hohem Leistungsniveau agieren könnt, dass ihr beide als faire Partner geltet, auch wenn's um alles geht?

Mehr als die Vergangenheit interessiert mich die Zukunft, denn ich gedenke, in ihr zu leben.
Albert Einstein

Damit du für den Kunden ein kompetenter Gesprächspartner bist, ist – wie wir bereits in der ersten Woche besprochen haben – viel Fleiss, Disziplin und Willen erforderlich. Der Erfolg wird sich vor allem dadurch einstellen, dass du übst. Übung macht den Meister. Aus sportlicher Perspektive heisst das: trainieren, trainieren und nochmals trainieren.

Folgende Trainingsinstrumente helfen dir dabei, dich kontinuierlich weiterzuentwickeln:
- Selbststudium
- Selbstreflexion
- Feedback
- Gegenseitiges Doppel (Side-by-Side)
- Monitoring
- Coaching

Selbststudium

Das Studium von Fachliteratur unterstützt dich auf dem Weg, ein BestCaller zu werden. Deine Kernkompetenzen werden immer stärker und breiter abgestützt.

Du kannst aus allem, was um dich herum passiert, etwas lernen. Du musst dich nur dafür interessieren!

Sauge Informationen in dich auf, wie du Lust und Zeit hast. Just do it! – das ist die Devise. Mach es einfach, du tust es für dich!

Selbstreflexion

Konstruktiv selbstkritisch zu sein, ist eines der wirksamsten Werkzeuge zur persönlichen Leistungssteigerung. Nicht umsonst heisst es: «Selbsterkenntnis ist der erste Schritt zur Besserung.»

Die Fähigkeit zur Selbstreflexion ist uns Menschen nicht einfach in die Wiege gelegt. Wenn du lernst, mit dir selbst kritisch umzugehen und regelmässig Standortbestimmungen vorzunehmen, wirst du interessante Erfahrungen machen. Diese bringen dich definitiv weiter.

Geh ab sofort mit klaren Zielen an jede Aufgabe. Überleg dir, wie du sie erreichen willst und was du unternehmen wirst, sollte dich etwas von diesem Weg abbringen.

Bist du an deinem Ziel angekommen? Dann schau zurück und überleg dir Folgendes:
- Was wollte ich erreichen, und was habe ich erreicht?
- Was ging gut und warum?
- Was ging weniger gut und warum?
- Was muss ich unternehmen, um den Schaden zu begrenzen – falls einer entstanden ist?
- Was sind meine persönlichen Lernerfahrungen? Was werde ich in einem nächsten ähnlichen Fall definitiv gleich oder gegebenenfalls anders machen?

Du siehst, Kevin, auch hier spürst du den sportlichen Ansatz wieder heraus. Jeder Sportler, der weiterkommen will, überlegt sich auf dem Weg nach oben im Vorfeld die Etappenziele: Was ist mein Ziel für diese Woche, was ist das heutige Ziel oder was ist das Ziel für diesen Moment?

Stell dir einen Hochspringer vor. Sein Trainingsziel ist diese Woche, den Absprung zu perfektionieren. So will er Schritt für Schritt bzw. Zentimeter für Zentimeter an die Weltelite herankommen.

Lernen ist wie Rudern gegen den Strom. Hört man damit auf, treibt man zurück.
Laotse

Er steht jetzt im Training. Schaut aus der Distanz auf die Latte. Bevor er losrennt, lässt er jede Bewegung mehrmals vor seinem geistigen Auge ablaufen. Vor allem den Absprung geht er wieder und wieder durch. Und dann, dann rennt er los. Sprung! – Sekunden später wird er sanft von der Matte aufgefangen. Er hat schon während des Sprungs gespürt, dass die Latte nicht oben bleiben wird. Jetzt liegt er auf dem Rücken und schaut dorthin, wo die Latte eigentlich noch hängen sollte. Das war ja sein Ziel. Aber leider nein: Wie erwartet, liegt sie definitiv nicht mehr dort oben. Er verlässt die Geborgenheit der weichen Matte und überlegt sich, was er eigentlich wollte. Er spult – angefangen vom Start – jeden Schritt wie einen Film vor seinem geistigen Auge ab. Was ging gut und warum? Was ging weniger gut und warum? Was will ich beim nächsten Versuch anders angehen? So rennt er mehrere Male los und springt, 10-, 20-, 30-, 40-mal. Dazwischen immer wieder die gleiche Analyse. Kurze Standortbesprechungen mit seinem Trainer – und weiter geht's. Immer der gleiche Ablauf. Ganz zum Schluss schauen sie sich noch gemeinsam die Videoaufnahmen an. Sie gehen die Sequenzen einzeln durch. Beobachten, analysieren, diskutieren. Was ging gut und warum? Was ging weniger gut und warum? Wie wollen wir das Training morgen gestalten, damit die heutigen Erkenntnisse 1:1 eingebaut werden können?

Was kannst du aus diesem Beispiel für dich lernen, Kevin? Richtig, du machst es einfach genauso. Du überlegst dir immer wieder, was du willst, wie du es angehen willst, reflektierst, änderst und nimmst einen neuen Anlauf. Wieder und wieder und wieder …, so lange, bis du dein Ziel erreicht hast.

Feedback

Was ist Feedback? Feedback ist eine spontane Rückmeldung an jemanden darüber, wie sein Verhalten bei dir ankommt.

Feedback ist also immer subjektiv. Es werden keine objektiven Tatsachen beschrieben, sondern deine persönliche Wahrnehmung. Die muss nicht unbedingt mit der Wahrnehmung anderer Menschen übereinstimmen.

Du solltest aber nicht erwarten, dass der andere mit deinem Feedback etwas anfängt. Feedback geben ist freiwillig. Feedback nehmen auch!

Feedback zu erhalten ist eine Chance. So kannst du erfahren, wie du auf andere wirkst. Damit erhältst du wertvolle Hinweise dazu, was du schon sehr gut machst und wo du noch besser werden kannst. Zum Beispiel im Kundenkontakt oder einfach in deiner täglichen Arbeit im Team. Feedback ist fester Bestandteil einer offenen und transparenten Kommunikation.

Von wem bekommst du Feedback? Feedback kannst du von allen in deiner Umgebung bekommen: von der Teamleiterin, von Jenny, von deinen Kollegen oder Freunden. Fordere Feedback ein, Kevin. Bitte deine Umgebung, dir mitzuteilen, wie sie dich wahrnehmen. Was du gut machst und was bei ihnen nicht so gut ankommt.

Wenn ihr untereinander rege Feedback austauscht, unterstützt ihr euch gegenseitig: Die Leistung des Einzelnen und des Teams steigt.

Wie nimmst du Feedback entgegen?

* **Hör zu.**
  Hör dir die Ansichten deines Kollegen an, ohne eine Abwehrhaltung einzunehmen. Denk daran, dass er dir helfen möchte, besser zu werden.
* **Rechtfertige dich nicht.**
  Widerstehe der Versuchung, Gegenargumente anzubringen oder Erklärungen abzugeben.
* **Frag nach, was genau gemeint ist.**

Wenn dir etwas unklar ist, frag nach, um Missverständnisse zu vermeiden.

* **Bedanke dich.**
  Für denjenigen, der dir Feedback gibt, ist es sehr oft schwierig, negative Punkte anzusprechen – aber gerade aus diesen kannst du am meisten lernen.

Wie gibst du Feedback?

* **Frag zuerst, ob der andere ein Feedback möchte.**
  Feedback ist freiwillig – für beide Seiten. Also frag nach, ob dein Gegenüber an einem Feedback interessiert ist. Oft ist es einfach eine Frage des richtigen Zeitpunkts. Wenn jemand im Moment mit seiner Konzentration bei einem anderen Thema ist, fällt dein Feedback nicht auf fruchtbaren Boden.
* **Schau dem Empfänger in die Augen.**
  Richte dein Feedback unbedingt direkt an die Person, die es betrifft.
* **Formuliere Ich-Botschaften.**
  Spiegle deine persönliche Wahrnehmung und sprich über dein persönliches Empfinden (Ich-Botschaften). Sei dir bewusst, dass deine Meinung subjektiv ist. Also zum Beispiel: «Auf mich hat deine Verabschiedung vorhin am Telefon sehr knapp und dadurch unfreundlich gewirkt», statt «Da hast du dich aber gerade nicht freundlich verabschiedet!»
* **Sei konkret und konstruktiv.**
  Gib dein Feedback sachlich und konkret. Gib Beispiele zum besseren Verständnis.

Und denk daran: Deine Hinweise können genutzt werden, müssen es aber nicht – das ist eben Feedback!

Doppel (Side-by-Side)

Eure Teamleiterin gibt dir und deinen Kollegen Zeitfenster für Doppel (auch Side-by-Side genannt) am Telefon. Profitier von diesem Instrument! Ihr könnt euch damit gegenseitig weiterbringen – und zudem macht es Spass!

Im Doppel hörst du mit einem zweiten Kopfhörer zum Beispiel Jenny bei echten Kundengesprächen zu – oder sie dir. Ihr reflektiert nachher gemeinsam, wie ihr das Gespräch wahrgenommen habt. Ihr tauscht euch aus, wie sich derjenige am Telefon gefühlt hat, und vergleicht diese Wahrnehmung mit der des Zuhörers. Auch hier eignen sich die Fragen: Was ging gut und warum? Was ging weniger gut und warum? Was sollte man im nächsten Kundenkontakt anders angehen?

Beide Seiten profitieren: derjenige, der den Spiegel des Kollegen vorgehalten bekommt, und derjenige, der genau zuhört, zuschaut und daraus für sich selbst einiges ziehen kann.

Um aus dem Doppel möglichst das Beste rauszuholen, ist auch hier strukturiertes Vorgehen wichtig.

Unterhaltet euch zu Beginn kurz darüber, was heute im Zentrum der Beobachtung steht. Welches Ziel wird verfolgt? Welche (maximal drei) Punkte stehen heute im Fokus? Und dann geht's los. Der erste Kunde kann kommen bzw. wird angerufen. Der Zuhörer macht sich Notizen zu den Aspekten, auf die ihr euch vorher eingestimmt habt.

Nach dem Telefonat kommt die Reflexion: Formuliert kurz einen Gesamteindruck und fokussiert dann die Beobachtungspunkte.

Diskutiert nicht lange, sondern konzentriert euch auf das Wesentliche.

Zieht ein bis zwei Lehren für das nächste Gespräch – und weiter geht's. Der Nächste bitte!

Am Schluss des Side-by-Side kommt die Gesamtbetrachtung. Derjenige, der telefoniert hat, hält schriftlich bis zu drei Transfermassnahmen fest. Transfer? Du möchtest wissen, was Transfermassnahme heisst? Das bedeutet, dass du am Ende einer Weiterbildung ein paar Massnahmen definierst, die du ab sofort in deinem Arbeitsalltag umsetzt. Am besten hältst du diese Massnahmen auf einer kleinen Karte fest. Befestige diese am Bildschirm, so dass du sie immer vor Augen hast. Deine Kollegin als Sparringspartnerin kann dich so immer wieder darauf ansprechen, wie es mit der Umsetzung geht. Bevor ihr ins nächste Doppel einsteigt, könnt ihr, gestützt auf diese Transferpunkte, eine kurze Standortbestimmung vornehmen.

Monitoring

Wie wir oben gesehen haben, nutzt der Hochspringer – genau wie viele andere Sportler – die Videoaufzeichnung zur Selbstreflexion. Das ist ein wunderbares Tool zur Unterstützung des Trainings. Die Videoaufnahme zeigt unbestechlich auf, wo es noch Optimierungspotenzial gibt.

Was dem Sportler das Video, ist dem CallCenter-Agenten die Sprachaufzeichnung. Die Analyse aufgezeichneter Gespräche, im CallCenter kurz Monitoring genannt, hat den gleichen Effekt: Wenn du dich selbst hörst, hat das eine durchschlagendere Wirkung als wenn dir jemand sagt, was du optimieren könntest.

> Es ist durchaus nicht dasselbe, die Wahrheit über sich zu wissen oder sie von anderen hören zu müssen.
> *Aldous Huxley*

Was ging gut und warum? Was ging weniger gut und warum? Was will ich beim nächsten Kundenkontakt anders angehen? Hier dienen dir wieder die gleichen Fragen zur strukturierten Analyse wie in deiner Selbstreflexion ohne Tonaufnahmen.

Bei den Gesprächsanalysen geht es nicht nur darum, an den grossen oder kleinen Engpässen zu feilen. Es geht auch darum zu hören, was du schon gut kannst. Die Frage «Was ging gut und warum?» zielt ganz bewusst auf Antworten, die motivieren, es weiter so zu machen, wie du es beim Anhören als gut empfunden hast.

Gesprächsanalysen können überall durchgeführt werden. Einfache Aufnahmegeräte unterstützen das tägliche Bemühen um Spitzenleistungen genauso wie eine Mega-Telefonzentrale mit einem computerisierten Aufnahmesystem.

Noch etwas zu den Aufnahmen. Vielleicht ist dir schon mal durch den Kopf gegangen: Diese Aufnahmen macht meine Teamleiterin doch vor allem, um mich zu kontrollieren. Ja und nein. Kevin, betrachte es einmal von der Seite: Ein Unternehmen hat das Recht, Spitzenleistungen zu verlangen. Dafür bekommst du jeden Monat einen Lohn und bist sozial abgesichert. Dieser Lohn kann nur gezahlt werden, wenn alle Menschen im Unternehmen eine gute Leistung erbringen. Einer davon bist du. Betrachte deshalb all die Massnahmen zur Leistungsförderung als Massnahmen, die dich unterstützen und dir helfen, spitze zu werden.

Denk immer daran: Menschen, die gut sind, brauchen sich

nicht zu verstecken. Sie dürfen auch zeigen, wo es noch nicht so klappt.

Coaching

Was ist eigentlich Coaching, und wie läuft es ab?

Coaching ist ein Führungs- und Personalentwicklungsinstrument.

Beim Coaching geht man davon aus, dass du als Mitarbeiter bereits über eine grosse Basis an Wissen verfügst und dass du deinen Kopf benutzt, um selbst Lösungen zu finden.

Deshalb sagt dir deine Chefin in einem Coaching-Prozess nicht einfach, wie es geht. Sondern sie stellt dir so viele gezielte Fragen, dass du im Dialog mit ihr selbst auf die Antworten kommst. Solche Fragen können zum Beispiel sein:

> Man kann einen Menschen nichts lehren. Man kann ihm nur helfen, es in sich selbst zu entdecken.
> *Galileo Galilei*

- Welche Phase des Telefonats ist dir besonders gut gelungen und warum?
- Wo siehst du Engpässe in deinen telefonischen Kundenkontakten?
- Was glaubst du, wie sich der Kunde bei dieser Antwort von dir gefühlt hat?
- Wie könntest du diese Erläuterung besser formulieren (mehrere Varianten)?

Gegenseitiges Coaching im Team

Es muss nicht immer die Chefin der Coach sein. Du kannst auch Hilfe in Form eines Coachings durch einen erfahrenen Kollegen einfordern. So, wie du es bei Jenny machst. Später, wenn du ein BestCaller bist, wirst du wiederum andere coachen. Du kannst sozusagen als Pate einem Neueinsteiger zur Seite stehen.

Coaching untereinander folgt somit dem Grundsatz: Hilfe zur Selbsthilfe. Das bedeutet, wenn einer im Team Schwierigkeiten hat, könnt ihr diese gemeinsam meistern. Ihr analysiert gemeinsam die Engpässe und überlegt euch Massnahmen zur Verbesserung.

Dabei profitieren beide Seiten. Je mehr dieser Prozess im Team etabliert ist, desto seltener müsst ihr die Chefin fragen.

Die Stärke eines Teams hängt – wie im Sport – von der Leistung des schwächsten Gliedes ab, genauer gesagt: von der Leistungsbereitschaft, dem Qualitätsverständnis und kundenorientiertem Verhalten. Wenn ihr es im Team schafft, euch bei anfallenden Problemen gegenseitig zu unterstützen, spielt eure Mannschaft super zusammen. Mit der Leistung wird auch der Spass am Arbeitsplatz steigen. Ihr spielt in der Liga, die euren Vorstellungen und denen eures Arbeitgebers entspricht. Was will man mehr?

Wie lerne ich am besten?

Vielleicht hast du schon einmal von den verschiedenen Lerntypen gehört. Manche Leute lesen die Informationen, die sie sich merken sollen, am liebsten selbst nach. Andere bevorzugen es, jemandem zuzuhören, der ihnen den Lernstoff vermittelt. Wieder andere brauchen Bilder, Skizzen oder Grafiken, um Informationen zu verstehen und sie sich einzuprägen. Was ist dir am liebsten?

Auch wenn die Vorlieben variieren, kann man ganz allgemein sagen: Je mehr Kanäle dir Informationen vermitteln, desto besser kannst du dir das Gelernte merken. Das heisst, wenn dir jemand etwas erklärt und das, was er sagt, bildlich (visuell) unterstreicht, ist der Lerneffekt grösser, als wenn du etwas nur hörst oder nur siehst. Bis hierher verhältst du, der Lernende, dich allerdings passiv. Es ist wie in der Schule. Deshalb fällt es dir in einer solchen Situation eher schwer, die ganze Zeit aufmerksam und konzentriert zu bleiben. Und das Pech ist, dass derjenige, der dir etwas erklärt, oft nicht einmal merkt, dass du schon lange abgeschaltet hast.

Wie kann Abhilfe geschaffen werden? Als Erstes sollte der Lernende die Möglichkeit erhalten, aktiv mitzuarbeiten. Was du selbst erarbeitest – allein oder mit der Unterstützung anderer –, vergisst du nicht so leicht!

So weit, so gut, jetzt hast du dir Wissen angeeignet. Kannst du es auch in der Praxis umsetzen? Das ist nämlich das Entscheidende!

Stell dir vor, du möchtest Schauspieler werden. Glaubst du, es genügt, dir jeden Abend einen Film anzuschauen und zu überlegen, wer ein guter und wer ein schlechter Schauspieler ist? Wirst du dadurch selbst ein guter Schauspieler? Da sind wir uns einig: sicher nicht. Was ich damit sagen will: Theoretisches Wissen ist erst die halbe Miete, nur wenn du dieses Wissen praktisch umsetzen kannst, bringt es dir etwas.

Ob du etwas tatsächlich kannst, erfährst du nur, wenn du es ausprobierst. Und wenn es schiefläuft oder einfach nicht so gut klappt, wie du es dir wünschst, dann überleg dir, woran es liegt. Lass dich von Fehlern nicht frustrieren und von Niederlagen nicht entmutigen: Aus Fehlern lernt man am besten! Ein Fehler passiert dir in den meisten Fällen kein zweites Mal!

Und jetzt zum Coaching: Hier übst du, das Gelernte in die Praxis umzusetzen. Du nimmst deine persönliche Standortbestimmung vor, indem du betrachtest, was du gut gemacht hast und was weniger gut gelaufen ist. Was sind die Gründe dafür? Mit deinem Coach suchst du aktiv nach Lösungswegen und übst ihre Umsetzung. Dann setzt du dir ein konkretes Ziel für deinen Arbeitsalltag – und los geht's! Auf diese Art und Weise lernst du am meisten, darauf kannst du dich verlassen.

Übrigens, der Begriff «Coach» ist das englische Wort für «Kutscher». Stell dir einen Kutscher vor, wie er hoch auf seinem Bock sitzt. Von dort hat er den besten Überblick – den braucht auch dein Coach. Der Kutscher hat die Zügel im Griff, er gibt die Richtung vor. Aber er braucht nicht jedem einzelnen Pferd zu sagen, wo es hinlaufen soll. Das macht es von alleine. Der Kutscher greift nur hin und wieder ein, indem er ein Signal mit den Zügeln gibt, wenn es nötig ist – zum Beispiel vor einer engen Kurve. Damit lässt sich die Rolle des

Coachs gut vergleichen. Er gibt dir die richtigen Anstösse, dann lässt er dich selbst machen.

Dein Coach kann ein Kollege, ein Vorgesetzter oder ein Freund sein; du kannst aber auch dein eigener Coach sein, indem du deine Arbeit regelmässig hinterfragst und dir überlegst, wie weit du schon gekommen bist und was du noch besser machen kannst.

Kevins Lerntagebuch:

- *Erfolg ist freiwillig. Es liegt in meinen Händen, ob und wie ich beruflich weiterkomme.*
- *Mein bester Trainer bin ich selbst. Schliesslich kann ich mir selbst jeden Tag Trainingsstunden geben – ohne jemanden fragen zu müssen.*
- *Wir brauchen nicht immer die Chefin, um eine Rückmeldung zu unserer Leistung zu erhalten. Wenn wir uns unter Kollegen Feedback geben, beweisen wir, dass wir ein echtes Team sind.*
- *Am besten halte ich mir selbst den Spiegel vor, indem ich das Kundengespräch später nochmals abhöre. So erlebe ich 1:1, wie es für den Kunden ist, mit mir zu telefonieren.*
- *Coaching baut auf dem auf, was ich schon weiss. Indem mir mein Coach gezielte Fragen stellt, führt er mich über meine eigenen Gedankengänge zur Lösung.*

Was sind meine persönlichen Erkenntnisse zum Kapitel?

Was konkret setze ich bis wann um?

Wie die Geschichte weitergeht

Das Buch ist zu Ende, die Geschichte von Kevin nicht. Er arbeitet weiter im CallCenter – und natürlich an der Beziehung zu Jenny. Alles hat gut angefangen. Der Grundstein für den Erfolg in seinem neuen Leben ist gelegt.

Und wie geht es konkret weiter?

Was passiert, nachdem Kevin am Morgen Jennys Zettel mit der Botschaft «Kevin, mir gefällt, wie du dich ins Team eingefügt hast, ich wäre immer gerne deine Kundin, Deine Jenny» gefunden hat?

Zuerst sieht für Kevin alles rosarot aus. Denn er fasst sich nach der kleinen Starthilfe von Jenny endlich ein Herz und fragt sie, ob er sie zum Essen ausführen darf. Und Jenny sagt ohne eine Sekunde zu zögern Ja.

Es wird ein toller Abend. Auch ausserhalb des CallCenters finden Kevin und Jenny sofort einen Draht zueinander. Sie haben keinerlei Mühe, ein Gesprächsthema nach dem anderen zu finden. Sie plaudern und lachen, und als sie sich spät in der Nacht – oder besser gesagt früh am Morgen – voneinander verabschieden, scheint das Happy End vorprogrammiert.

Doch auf dem Nachhauseweg kommt Kevin ins Grübeln: Ist schon eine tolle Frau, diese Jenny! – Und ich dagegen? – Ich bin noch ein blutiger Anfänger am Telefon und habe auch sonst noch nicht wahnsinnig viel Tolles auf die Beine gestellt. – Wie soll sie mich da interessant finden? Nicht nur als Kollege, sondern als Mann an ihrer Seite? – Nee, irgendwie ist das doch komisch. Morgen wird sie im CallCenter wieder ins Doppel mit mir gehen und mich coachen. – Da werde ich vor lauter Nervosität den Kunden wahrscheinlich noch mehr Schrott erzählen als sonst schon. – Puh. Ich glaube, ich muss erst mal einen Gang zurückschalten. – Muss erst mal etwas leisten, damit sie wirklich sieht, was in mir steckt.

So kommt es, dass es fürs Erste bei diesem einen gemeinsamen Abend bleibt. Kevin und Jenny begegnen sich am Arbeitsplatz immer noch sehr herzlich – aber mehr auch nicht. Jenny hat sowieso wahnsinnig viel zu tun, weil sie als beste Agentin noch andere Neulinge betreut.

Ein paar Wochen später gönnt sie sich deshalb drei Wochen Urlaub. Gerade recht, denkt sich Kevin, da kann ich mal einen klaren Kopf kriegen und meine Gedanken ordnen.

Doch da hat sich Kevin getäuscht. Das Schicksal macht ihm einen gewaltigen Strich durch die Rechnung. Da das Team in den vergangenen Monaten stark gewachsen ist, wird es in zwei Gruppen geteilt. Kevin bekommt eine neue Teamleiterin, und das ist: Jenny! Ausgerechnet!

Die Bombe platzt direkt nach Jennys Urlaub. Als Kevin die Neuigkeit erfährt, weiss er nicht mehr, wo ihm der Kopf steht. Er fühlt sich plötzlich wie in einem Karussell, alles dreht sich, er denkt: Oh nein, das macht ja alles noch komplizierter. Die Frau, in die ich verliebt bin, als Chefin? Das darf doch nicht wahr sein! Das geht ja auf keinen Fall. Da schlag ich mir die süsse Jenny besser gleich ganz aus dem Kopf.

Jenny merkt kaum etwas von Kevins Nöten. Sie ist selbst so überrascht, dass sie sich erst mal fassen muss. Ihre Gefühle schwanken zwischen Freude über diese Karrierechance und Angst, den neuen Anforderungen nicht gerecht zu werden.

Der Wechsel vom Kumpel zur Chefin im eigenen Team ist kein leichter.

Wie Jenny die ersten Wochen und Monate in ihrem neuen Job als Führungskraft erlebt, welchen Herausforderungen sie begegnet und wie sie diese meistert, das erfährst du im «**BestLeader – Das Führungshandbuch**» von Werner Berger und Angelika Rinner. Und natürlich auch, ob es doch noch ein Happy End gibt.

Wenn du, lieber Leser, täglich umsetzt, was du im BestCaller gelernt hast, wird es für dich nur eine Frage der Zeit sein, bis du in Jennys Fussstapfen trittst und einen Karriereschritt machst. Wir freuen uns darauf, dich in unserem Buch BestLeader wieder zu treffen!

Und noch etwas in eigener Sache: Wenn du Gefallen am Verkaufen gefunden hast und du dich auch darin weiterentwickeln möchtest, so kaufe dir den «BestSeller». Das Handbuch von Werner Berger und Angelika Rinner für alle Verkaufsprofis oder die, die es werden wollen.

Glossar

Abandoned Call	(Aufgegebener Anruf) Ein Anruf, der zwar im CallCenter eingeht, den aber kein Sachbearbeiter annimmt, weil der Anrufer aufgelegt hat oder weil ein technischer Fehler vorlag.
ACD (Automatic Call Distribution)	Eingehende Anrufe werden in eine Warteschleife eingereiht und dann automatisch an einen freien CallCenter-Mitarbeiter weitergeleitet.
Agent	Bezeichnung für einen Mitarbeiter am Telefonarbeitsplatz.
ANI (Automatic	Identifikation des Anrufers anhand seiner Telefonnummer.
ASA (Average Speed of Answer)	Die durchschnittliche Wartezeit der Anrufer.
Audiotex	Automatisierte Telefondienste, die durch Computer bereitgestellt werden. Typische Audiotex-Dienste sind Ansagedienste, Bestell- und Auskunftssysteme. Es gibt rein passive Dienste (Ansagen) oder interaktive Systeme, die über die Telefontastatur des Anrufers oder Spracherkennung gesteuert werden können.
Available State	Der Agent ist verfügbar und in der Lage, Telefonate entgegenzunehmen.
Available Time	Gesamte Arbeitszeit, in der die Mitarbeiter Telefonate entgegennehmen.
Back-Office	Im Back-Office sitzen die Spezialisten, die jene Fragen beantworten, die im Front-Office nicht geklärt werden können.

Busy Hour	Die Stunde, in der in einem CallCenter die meisten Anrufe bearbeitet werden.
Call	Englische Bezeichnung für Anruf oder Telefonat.
CallCenter	Organisatorische Zusammenfassung von Telefonarbeitsplätzen.
Call Monitoring	Aufnahme und Bewertung von Gesprächen nach bestimmten
Call-by-Call-Routing	Weiterleitung der Anrufe, je nach Herkunft und Art des Anrufs.
CallCenter-Agent	Mitarbeiter in einem CallCenter, der Anrufe tätigt und entgegennimmt.
Calls in Queue	Anrufe, die vom ACD-System in der Warteschleife gehalten werden, bis ein Servicemitarbeiter sie annehmen kann.
Care Calls	Spezielle Kundenbetreuung. Kunden werden an das Unternehmen gebunden.
Churn	Fachbegriff für Kundenabwanderung. Die Kundenabwanderungsrate (Churn Rate) eines Unternehmens möglichst niedrig zu halten ist eine der wichtigen Aufgaben von CallCenter-Agents.
Cold Call	Erster Kontakt mit einem Kunden am Telefon.
Computer-Telefonie	Telefonanlage und Computersystem sind zu einem Telefon-Computer- System verschmolzen.
Computer Telephony Integrating (CTI)	Verbindung einer Kommunikationsanlage mit dem internen Computersystem.
Cost of Delay	Kosten, die entstehen, während der Anrufer auf die Entgegennahme seines Anrufes wartet.

Crossmedialer Verkauf	Die Kombination mehrerer Medien (Print, Radio/TV, online und mobile Medien) für eine Werbekampagne.
CrossSelling	Der Verkauf eines weiteren ergänzenden Produktes an einen Kunden, der bereits ein Produkt gekauft hat.
Customizing	Massgeschneiderte Problemlösungen für den Kunden.
Customer Care	Kundenorientiertes Beschwerde-Management. Anregungen, Wünsche und Äusserungen werden von den CallCenter-Agents aufgenommen.
Customer Relationship Management (CRM)	Dokumentation und Verwaltung von Kundendaten und Kundenbeziehungen, wichtiger Baustein für Beziehungsmarketing.
CRM-System	Computer-System, das die standardisierte Erfassung, Verwaltung und Auswertung von Kundendaten eines Unternehmens ermöglicht.
Customer Retention	Kundenbindung. Da es bis zu fünfmal teurer sein kann, einen neuen Kunden zu gewinnen als einen bestehenden zu halten, sind Unternehmen bemüht, durch so genanntes Retention Management die Kundenbindung möglichst hoch zu halten. Das Retention Management gehört zu den wichtigen Aufgaben von CallCenter-Agents. Meist ist es ihre Aufgabe, im Telefongespräch Kunden von der Kündigung abzuhalten, indem sie die Ursachen für die Unzufriedenheit ergründen und entsprechend Lösungen anbieten.
Database-Pflege	Pflege und Erstellung von Kundendaten und -informationen.
Diale Systeme	Automatische Anwählhilfen, die nach einem vorgegebenen Plan selbstständig Gespräche aufbauen und an freie Agents weiterleiten.

Digital Wall Board	Elektronische Anzeigetafel für Daten aller Art, die von allen Arbeitsplätzen gut eingesehen werden kann.
Direktmarketing (Direct Marketing)	Als Direktmarketing oder auch Dialogmarketing wird innerhalb der Marketing-Kommunikation jede Werbemassnahme bezeichnet, die den Kunden direkt anspricht und zur Antwort auffordert. Es kann sich dabei um Mailings, Telefonanrufe oder einen mehrstufigen Prozess mit beiden Komponenten handeln.
DRR (Direct Response Radio)	Hörer einer Radiosendung reagieren direkt mit einem Anruf auf die Hotline.
DRTV (Direct Response TV)	Fernsehzuschauer reagieren auf eine eingeblendete Telefonnummer direkt mit einem Anruf.
EWT (Expected Waiting Time)	Voraussichtliche Wartezeit eines Anrufers in der Warteschleife.
Front End	Benutzeroberfläche anwendungsorientierter Systeme.
Front-Office	Im Front-Office gehen alle Anrufe ein. Hier werden Standardfragen bearbeitet. Kann das Front-Office eine Frage nicht beantworten, wird der Anrufer zu den Spezialisten im Back-Office weitergeleitet.
Handled Calls	Anzahl der persönlich entgegengenommenen und bearbeiteten Gespräche.
Headset	Sprechgeräte, bestehend aus Kopfhörer und Mikrofon. Jeder Agent ist damit ausgestattet. Der Vorteil: Man hat die Hände frei.
Help Desk	Oftmals eigene Abteilung im CallCenter, die Anrufern kompetente Hilfestellung bei Problemen und Notfällen anbietet.
Hold	Unterbrechung eines Gesprächs, um es nach kurzer Zeit wieder aufzunehmen.

Holding Time	Wartezeit für den Anrufer, meist kostenpflichtig.
Hotline	Eine Telefonnummer, die einen bestimmten Zweck verfolgt.
Inbound	Passives Telefonmarketing: Der CallCenter-Agent nimmt Anrufe eines Kunden entgegen, tätigt selbst aber keine Anrufe nach aussen.
IVR-System (Interactive Voice Response)	Computergesteuerter Sprachdialog, den der Anrufer mit seiner Stimme (meist Ja/Nein-Befehle) oder durch das Drücken bestimmter Tasten am Telefon dirigieren kann.
Junk Calls	Spass-Anrufe von Personen, die an den Dienstleistungen oder Produkten des Unternehmens nicht interessiert sind, sich mit diesen Anrufen also nur die Zeit vertreiben.
Kooperatives Browsing	Agent und Kunde betrachten gemeinsam Internetseiten.
Kundenpflege	Siehe «Customer Relationship Management»
Kundenwert (Customer Lifetime Value)	Der Kunde hat einen umso höheren Kundenwert, je profitabler er für das Unternehmen ist. Das heisst, je grösser der Umsatz ist, der mit dem Kunden generiert wird, und je weniger Geld für die Beziehungspflege ausgegeben wird. Ziel des Unternehmens ist die Kundenwertmaximierung. Einige Unternehmen beziehen das Potenzial des Kunden in die Kundenwertberechnung mit ein.
Longest-Idle-Prinzip	Funktion der ACD-Anlage: Der eingehende Anruf wird an den Agenten geleitet, dessen letztes Gespräch am längsten zurückliegt.
Lost Call	Verlorener Anruf.
Makeln	Es kann zwischen zwei Anrufern hin- und hergeschaltet werden.

Monitoring	Form des Mitarbeitertrainings, bei dem nicht nur ein Telefonat mitgehört, sondern dessen Bearbeitung vom Arbeitsplatz des Teamleiters oder des Supervisors aus beobachtet wird.
Multitasking	Ausführen von mehreren Aufgaben zur gleichen Zeit.
Mystery Calls	Ein Mystery Call ist ein Testanruf, bei dem einzelne, vordefinierte Qualitätsmerkmale geprüft werden.
Nachbearbeitungszeit	Zeitraum, der dem Agenten zur Nachbearbeitung eines Telefonats zur Verfügung steht, beispielsweise um Daten einzugeben. Dieser Zeitraum kann vom ACD-System bei der Anrufverteilung berücksichtigt werden.
Off Peak Hours	Stunden mit dem geringsten Anrufaufkommen.
One face to the customer	Einheitlicher Auftritt der verschiedenen Vertriebskanäle hinsichtlich Form und Inhalt gegenüber dem Kunden.
Outbound	Hier geht der Anruf aktiv nach aussen, z.B. zur Adressqualifizierung, zur Neukundengewinnung, zum aktiven Verkauf, für Nachfassaktionen, zur Bestandeskundenpflege, zur Rückgewinnung von Kunden oder zur Marktforschung,
Overflow	Zahl der Anrufe, die ein CallCenter über seine Kapazität hinaus nicht mehr bewältigen kann.
Peak Load	Spitzenauslastung.
Power- und Predictive-Dialer	Sie bauen selbstständig Outbound-Gespräche nach festgelegten Anruflisten auf.
Preview-Dialer	Sie automatisieren den Wahlvorgang durch eine Softwarelösung. Dem Agenten wird der anzurufende Gesprächspartner als Datensatz auf dem Bildschirm angezeigt. Durch Aktivierung löst der Agent den Wählvorgang aus.

Prompt	Ansage in einem CTI-System, in einer ACD-Anlage oder einer Voice-Mail.
Queue	Englische Bezeichnung für die Warteschlange der Anrufer, die noch angenommen werden müssen.
Queue Display	Display, das für alle Agents sichtbar die Anzahl der Anrufer anzeigt, die sich in der Warteschleife befinden.
Recall Management	Rückrufsystem, das vorgemerkte Gesprächspartner automatisch zu einem gewünschten Zeitpunkt anwählt bis das Gespräch zustande kommt.
Received Calls	Alle eingegangenen Anrufe, die vom ACD-System erfasst wurden.
Routing	Festlegung der Reihenfolge, in der die Anrufe an die Agenten durchgestellt werden.
Scheduling (Zeitplanung)	Bezeichnung für die Erstellung von Schichtplänen für die CallCenter-Agents unter Berücksichtigung von Pausenzeiten, Urlaub und Trainingseinheiten.
Script	Gesprächsleitfaden, der den CallCenter-Agents hilft, zielgerichtet vorzugehen und einheitliche Aussagen zu bestimmten Themen zu treffen.
Servicelevel	Massgebliche Grösse zur Messung der Erreichbarkeit eines CallCenters. Der Servicelevel drückt aus, wie viel Prozent der Anrufe innerhalb einer bestimmten Zeit von einem Agenten entgegengenommen werden.
Shared Cost Nummer	Anrufer und Gesprächsempfänger teilen sich die Gebühren für den Telefonanruf.
Skill Based Routing	Möglichkeit, mit einer spezifischen ACD-Funktion die Fähigkeiten der Mitarbeiter (z.B. Sprachkenntnisse) bei der Anrufverteilung zu berücksichtigen.

Skills	Spezifische Fähigkeiten von Mitarbeitern (z.B. Sprachkenntnisse, Spezialisierung auf bestimmte Themen). Je nach Skills, die für einen CallCenter-Agent im System hinterlegt sind, werden ihm bestimmte Telefonanrufe zugewiesen und andere nicht.
Speech-to-Text	Computer-Funktion meist innerhalb von IVR-Systemen, bei der gespeicherter Text in Sprache umgewandelt wird.
Telefonmarketing	Beim Telefonmarketing wird das Telefon zur Gewinnung von Kunden, zur Kundenbetreuung und –bindung, zur Unterstützung des Vertriebs sowie zu Servicezwecken systematisch eingesetzt.
UpSelling	Einem Kunden, der bereits ein Produkt gekauft hat, wird ein teureres, höherwertiges Produkt angeboten.
Virtual Call Center	CallCenter, das auf mehrere Standorte verteilt ist, aber wie ein einziges geführt wird.
Winback	Rückgewinnung von Kunden, die gekündigt haben.
Win-Win-Situation	Eine Situation, die beiden Beteiligten einen Vorteil (Gewinn bringt).
Workload	Arbeitslast. Die Zeit, die in einem CallCenter direkt für die Abwicklung von Telefonanrufen aufgewendet wird.

Stichwortregister

Werner Berger, Angelika Rinner

Best Leader

Das Führungshandbuch. Grundlagen – Instrumente – Erfolg

Gestern noch im Team, heute Vorgesetzte oder Chef. In dieser Situation hilft das übersichtliche Handbuch, die ersten Hürden der Führungsaufgaben zu meistern. Aber auch für erfahrene Führungskräfte ist es ein nützliches Nachschlagewerk für alle (Berufs-) Lebenslagen.

Konkret und praxisnah gehen die Autoren in diesem fundierten Handbuch die Fragen an, die sich im Führungsalltag stellen: von Motivation und Mitarbeitergespräch über die Durchführung von Teammeetings bis hin zu Themen wie Risiko- und Fehlermanagement. Es bietet Hilfsmittel, Instrumente und Techniken für jede Situation. Didaktisch geschickt und mit vielen praktischen Beispielen ist dieses Arbeitsbuch ein unverzichtbarer Begleiter auf dem Weg nach oben. Es ermöglicht, das eigene Führungsverhalten zu reflektieren, Tag für Tag zu optimieren und sich so ständig weiterzuentwickeln.

384 Seiten, gebunden

ISBN 3-280-05293-8

orell füssli Verlag

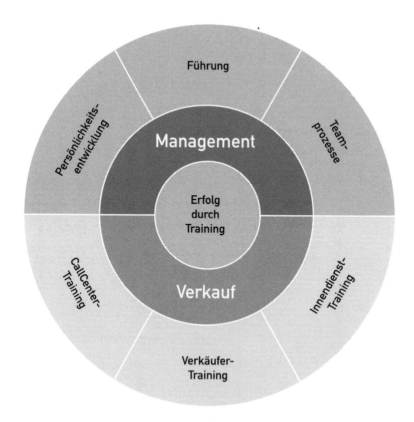

Ein erster unverbindlicher Kontakt lohnt sich immer:

WERNER BERGER & PARTNER
ERFOLG DURCH TRAINING

Werner Berger & Partner AG
Grundstrasse 10
CH-6343 Rotkreuz
Tel +41-41-7922729

office@wernerberger.com
www.wernerberger.com